La verità eterna

Sri Mata Amritanandamayi risponde alle domande sul Sanatana Dharma

Mata Amritanandamayi Center, San Ramon
California, Stati Uniti

La Verità Eterna
Amma risponde alle domande sul Sanatana Dharma

Edito da Swami Jnanamritananda Puri

Pubblicato da:
Mata Amritanandamayi Center
P.O. Box 613
San Ramon, CA 94583
Stati Uniti

---------- *Eternal Truth (Italian)* ----------

Prima edizione: marzo 2010

Copyright 2010 © Mata Amritanandamayi Mission Trust, Amritapuri, Kerala 690546, India

Tutti i diritti riservati. Ogni riproduzione, archiviazione, traduzione o diffusione, totale o parziale, della presente pubblicazione, con qualsiasi mezzo, con qualsiasi scopo e nei confronti di chiunque, è vietata senza il consenso scritto dell'editore.

Prima edizione a cura del MA Center: agosto 2016

In Italia: www.amma-italia.it

In India:
inform@amritapuri.org
www.amritapuri.org

Prefazione

"La Verità è Una. I saggi La chiamano con nomi diversi". Questo è l'importante messaggio che l'antica cultura indiana ha dato al mondo e l'averlo dimenticato ha dato origine a tutti gli attuali problemi con la religione.

Possiamo affermare che il mondo si è ridotto alle dimensioni di un villaggio grazie alla globalizzazione e alle moderne innovazioni scientifiche come internet e la tv satellitare ma, allo stesso tempo, la distanza tra le menti delle persone continua ad aumentare. Il concetto che l'India ha donato al mondo - *Vasudhaiva kutumbakam,* "il mondo intero è la mia famiglia" – è basato sulla sostanziale unità e comunione mentale fra tutti noi. La soluzione finale e decisiva per i nostri problemi sta nell'assimilare questo principio di unità. Anche se siamo incapaci di farlo, dovremmo almeno mostrare rispetto verso i punti di vista e le opinioni altrui. Il mondo ha profondamente bisogno di tolleranza e di comprensione. Le basi su cui si fonda il *Sanatana Dharma*, il Principio Eterno, rivelate dai *Rishi* (saggi che avevano realizzato il Sé), sono in grado di condurci in quella direzione.

Questi principi sono fari divini che illuminano il nostro cammino verso la perfezione. Il Sanatana Dharma incarna le verità eterne che ciascuno, a prescindere dalla propria religione, casta o cultura, può assorbire e adottare nella vita.

Questo libro contiene la prima parte di una raccolta di risposte di Amma a domande sui principi del Sanatana Dharma. Queste domande sono state poste dai devoti in differenti occasioni. Ci auguriamo che questo libro aiuti a promuovere la conoscenza dei valori del Sanatana Dharma.

Gli editori

Domanda: Quali sono le caratteristiche proprie dell'Induismo?

Amma: Figli miei, secondo l'Induismo il Divino è in ogni cosa: tutti sono un'incarnazione di Dio. Gli esseri umani non sono separati da Dio, ma sono una cosa sola con Lui: in ogni persona giace latente il Divino. L'Induismo insegna che con il proprio sforzo personale chiunque può realizzare il Divino che è in lui. Il Creatore e la creazione non sono disgiunti. Il Creatore (Dio) si manifesta come creazione. Per l'Induismo lo scopo supremo della vita è la comprensione di questa verità non duale.

Il sogno non è separato dal sognatore, ma dobbiamo svegliarci per comprendere che ciò che avevamo sperimentato era un sogno. Per quanto tutto sia Dio, avvertiamo ogni cosa intorno a noi come qualcosa a sé stante, perché non ci siamo ancora risvegliati a quella consapevolezza. Proviamo attrazione per alcune cose e repulsione per altre e questo ha fatto sì che la felicità e il dolore siano diventate la natura della vita.

Quando la nostra vera essenza si risveglia in noi, non c'è l'"Io" né il "Tu" - ogni cosa è Dio:

resta solo la beatitudine. L'Induismo mostra come, a seconda dei propri *samskara* [1], esistano molte vie che ci aiutano a risvegliarci a questa esperienza. Probabilmente in nessun'altra religione ci sono così tanti differenti sentieri, pratiche e osservanze.

Si può modellare la creta e farne un asino, un cavallo, un topo e un leone: anche se questi oggetti sono diversi nel nome e nella forma, in realtà, non sono altro che creta. Occorre che l'occhio riconosca la creta che è il substrato di tutti quei nomi e forme. È necessario pertanto abbandonare la percezione dell'universo attraverso nomi e forme diversi: in realtà il Principio Supremo ha trasformato se stesso in tutte quelle forme. Nell'Induismo, quindi, ogni cosa è Dio, non c'è niente che non lo sia. L'Induismo ci insegna ad amare e servire gli animali, gli uccelli, i rettili, gli alberi, le piante, le montagne, i fiumi, tutto, persino un cobra dal veleno mortale.

---

[1] Samskara ha due significati: il primo indica l'insieme delle impressioni fissate nella mente e prodotte dalle esperienze di questa o di precedenti vite che influenza l'esistenza, la natura, le azioni e lo stato della mente umana; il secondo la scintilla della giusta comprensione (conoscenza) in ciascuna persona, che conduce alla purificazione del proprio carattere.

Giungendo all'Esperienza Suprema, si prende coscienza che l'universo non è separato da noi, così come non lo sono i vari organi del corpo. La nostra consapevolezza, che fino ad ora è stata solo corporea, si estende sino a comprendere tutto il creato, senza escluderne nulla. Coloro che conoscono la Verità sentono la sofferenza e il dolore altrui come loro, proprio come si avverte immediatamente dolore quando il nostro alluce viene punto da una spina. La compassione diviene la loro vera natura, proprio come il caldo è la natura del fuoco, la freschezza quella dell'acqua, e la fragranza e la bellezza sono la natura dei fiori. Dare conforto agli altri è la loro innata natura. Se ci capita di infilarci un dito nell'occhio, perdoniamo il dito, massaggiamo e accarezziamo l'occhio, perché il dito e l'occhio non sono distinti da noi.

Lo scopo dell'Induismo è portarci a sperimentare che tutti gli esseri sono parte di noi. Quando la nostra consapevolezza si espande e dalla limitata coscienza corporea giunge ad includere l'intero universo, sperimentiamo la nostra unità con Dio e perveniamo allora alla perfezione. Il Sanatana Dharma ci insegna a vedere Dio in ogni luogo e quindi a sentire che non siamo separati da Lui. Per giungere a tale stato, vengono proposte diverse vie:

il sentiero dell'azione disinteressata (*karma yoga*), della devozione (*bhakti yoga*), dell'auto-indagine (*jnana yoga*) e della meditazione (*raja yoga*).

La religione induista, chiamata Sanatana Dharma, il Principio Eterno, perché appropriata per ogni nazione e per ogni tempo, insegna le verità eterne per il miglioramento di tutti i mondi [2]. Lo scopo dell'Induismo è l'evoluzione di ognuno, in esso non trovano spazio l'intolleranza o la chiusura mentale.

> *Om asato ma sadgamaya*
> *tamaso ma jyotir gamaya*
> *mrityor ma amritam gamaya*
>
> O Essere Supremo,
> Guidaci dall'irreale al Reale,
> Dalle tenebre alla luce,
> Dalla morte all'immortalità.
> – *Brihadaranyaka Upanishad*- (1.3.28)
>
> *Om purnamadah purnamidam*
> *purnat purnamudachyate*
> *purnasya purnamadaya*
> *purnameva vasishyate*

---

[2] Cieli, terra e mondi inferiori.

Quello è il tutto, questo è il tutto,
Dal tutto il tutto diventa manifesto,
Togliendo il tutto dal tutto,
Rimane solamente il tutto [3].

Questi mantra ci sono stati tramandati dai grandi saggi e in essi non vi è traccia di un atteggiamento che veda qualcuno come "altro" o separato.

I Rishi, gli antichi veggenti indiani, erano dei ricercatori illuminati che avevano realizzato la Verità Suprema, non duale, e questa Verità traspariva dalle loro parole, sempre prive di falsità.

"Dio risiede anche in questo pilastro", disse il giovane Prahlada rispondendo alla domanda del padre. E fu proprio così: Dio si manifestò in quel pilastro. Per questo motivo si dice che la Verità sia insita nelle parole dei saggi. Solitamente è il grembo materno che forma una nuova vita, ma anche l'intento e il pensiero di un Rishi sono creatori. In altre parole, ciò che i saggi dicono si avvera: consapevoli del passato, del presente e del futuro, ogni loro sillaba venne proferita tenendo in considerazione anche le future generazioni.

---

[3] Se accendiamo un migliaio di lampade con un'unica lampada, la luce di quella lampada non diminuisce. Questo famoso mantra è un'invocazione di pace tratta dalle Upanishad dello Shukla Yajurveda.

La verità eterna

Il frigorifero raffredda, la stufa riscalda, la lampada illumina, il ventilatore muove l'aria, ma è sempre la stessa elettricità che fa funzionare tutti questi oggetti. Sarebbe ragionevole dire che la corrente che attraversa uno di questi elettrodomestici è superiore a quella che passa negli altri, solo perché ognuno di loro ha funzioni e costi diversi? Per capire che l'elettricità è la stessa, nonostante la diversità degli strumenti, dobbiamo conoscere i principi scientifici che li fanno funzionare e avere qualche conoscenza pratica a riguardo. In modo simile, l'essenza interna, la Coscienza che dimora in ciascun oggetto nell'universo, è una e sempre uguale a se stessa, anche se ogni cosa appare diversa esteriormente. Per capirlo, dobbiamo sviluppare l'occhio della saggezza attraverso la pratica spirituale. I grandi Rishi, che appresero la Verità tramite l'esperienza diretta, la tramandarono poi alle successive generazioni ed è questa filosofia che plasmò il modo di vivere del popolo indiano.

'Indù' è il nome che venne dato a coloro che in generale seguivano questa cultura. L'Induismo non è una vera e propria religione, ma un modo di vivere. La parola sanscrita *'matham'* (religione) ha anche il significato più ampio di opinione. Questa particolare cultura è la somma totale delle esperienze di molti Rishi che vissero in epoche diverse ed ebbero un'esperienza diretta della Verità Suprema. Il Sanatana Dharma quindi non è una religione creata da un singolo individuo, né un insegnamento codificato in un unico libro, ma è una filosofia di vita che comprende tutto.

Le grandi anime vissute in paesi e tempi diversi istruirono i loro discepoli su come raggiungere Dio (o Verità Suprema). Queste istruzioni costituirono in seguito le varie religioni. In India il Sanatana Dharma si basa sui principi eterni, sui valori e insegnamenti etici rivelati a un grande numero di anime che avevano direttamente e personalmente realizzato il Sé. Più tardi venne denominato Induismo, ciò che abbraccia ogni cosa.

Il Sanatana Dharma non insiste sul dover chiamare Dio in un certo modo o sulla Sua realizzazione attraverso un determinato cammino. Lo si potrebbe paragonare a un grande supermercato in cui è disponibile ogni cosa: nell'Induismo viene data la libertà di seguire qualsiasi sentiero tra quelli indicati dalle grandi anime realizzate e persino di aprire una nuova strada verso la meta. Si può anche scegliere di credere o di non credere in Dio.

Ciò che il Sanatana Dharma chiama liberazione è l'affrancamento ultimo dal dolore e dalla sofferenza umana, senza affermare che esista un unico modo per raggiungere tale meta. Il maestro spirituale suggerisce il metodo più consono alla condizione fisica, mentale e intellettuale del discepolo. Non si possono aprire tutte le porte con una stessa chiave. In modo simile per aprire le nostre menti abbiamo bisogno di differenti chiavi che si accordino con i nostri samskara e con livelli di comprensione diversi.

Quante saranno le persone che trarranno beneficio da un fiume che scorre lungo un solo corso? Se invece il fiume scorresse attraverso numerosi rami, molte più persone che vivono presso queste rive ne beneficerebbero. Analogamente, poiché i maestri spirituali mostrano diversi sentieri, più persone possono assorbire questi insegnamenti. A un bambino sordo bisogna insegnare con il linguaggio dei segni, con uno cieco occorre utilizzare il Braille educandolo attraverso il senso del tatto. Se un bambino è mentalmente ritardato bisogna scendere al suo livello e spiegargli le cose in modo semplice, comprensibile. Solo quando l'insegnamento è adeguato alla capacità degli studenti essi possono assorbire ciò che viene loro trasmesso. In modo simile un maestro spirituale considera l'atteggiamento spirituale e il samskara di ciascun discepolo e decide poi quale sentiero indicargli. Indipendentemente da quanto i cammini divergano, la meta è sempre la stessa: la Verità Suprema.

Nel Sanatana Dharma l'abito non è tagliato in una sola misura, ma addirittura può essere rimodellato più volte per adattarsi al livello di sviluppo di ognuno.

I sentieri e le pratiche spirituali vanno rinnovati in accordo coi tempi. Questo è il contributo delle grandi anime al Sanatana Dharma. Dinamismo e capacità di adattamento sono la caratteristica dell'Induismo.

Se a un lattante viene data della carne, egli non sarà in grado di digerirla: il piccolo si ammalerà e questo farà soffrire anche altre persone. Esistono vari cibi a seconda delle capacità digestive e dei gusti delle persone ed è tale possibilità di scelta che protegge la loro salute. In modo simile, nel Sanatana Dharma le pratiche di culto sono diverse per ogni individuo e dipendono dal proprio samskara. Ciascuno può scegliere il metodo migliore per lui. Qualsiasi sentiero si preferisca, qualsiasi cammino si accordi meglio con la nostra natura individuale, lo possiamo trovare nel Sanatana Dharma. Fu così che ebbero origine i differenti sentieri: *jnana yoga, bhakti yoga, raja yoga, hatha yoga, kundalini yoga*, *kriya yoga*, *svara yoga*, *laya yoga*, *mantra yoga*, *tantra yoga* e *nadopasana*.

Nel Sanatana Dharma non c'è contrapposizione tra spiritualità e vita nel mondo (per esempio avere una famiglia propria): infatti lo stare nel mondo non viene rifiutato in nome della spiritualità, che insegna invece a vivere una vita più ricca e piena di significato.

I Rishi costituirono anche le scienze materiali e le arti basandosi sulla spiritualità. Le arti e le scienze erano per loro gradini che conducono alla Verità Suprema e le formularono in modo che portassero infine a Dio. In India, innumerevoli discipline scientifiche, fra cui la linguistica, l'architettura, il *vastu*, l'astronomia, la matematica, le scienze mediche, la diplomazia e l'economia, il *natya shastra*, la musica, l'erotismo, la logica e il *nadi shastra*, si svilupparono in tal modo. Il Sanatana Dharma non nega né rifiuta alcun ambito della vita o della cultura umana. In India esisteva una tradizione che incoraggiava tutte le arti e le scienze.

Nel Sanatana Dharma riconoscere la presenza della coscienza divina in tutte le cose, senzienti e non senzienti, diede origine alla tradizione per cui tutto viene considerato con rispetto e riverenza. I grandi Rishi non avevano la minima avversione

Amma risponde alle domande sul Sanatana Dharma

o mancanza di rispetto verso uccelli, animali e piante: ritenevano infatti che tutti gli esseri fossero manifestazioni dirette di Dio. Vennero così eretti santuari anche per serpenti e uccelli e nei templi venne dato posto anche al ragno e alla lucertola. Il Sanatana Dharma insegna che anche le benedizioni di una formica sono necessarie per raggiungere la perfezione. Nel *Bhagavatam*[4] viene descritta la figura di un *avadhuta*[5] che sceglie ventiquattro guru fra cui uccelli e animali. Dobbiamo sempre avere l'atteggiamento di un principiante, perché ogni creatura ci può insegnare qualcosa.

I Rishi percepivano la presenza di Dio anche negli oggetti inerti. Cantavano: "Sarvam brahmamayam, re re sarvam brahamamayam, cioè "Tutto è Brahman, tutto è l'essenza del Supremo". Oggigiorno gli scienziati dicono che ogni cosa è composta di energia. Gli indiani, che credono nelle

---

[4] Una delle diciotto Scritture appartenenti ai Purana. Noto anche come Srimad Bhagavatam, descrive in particolare le incarnazioni di Vishnu, narrando molto dettagliatamente la vita di Sri Krishna. Esalta l'importanza della devozione.
[5] Un'anima che ha realizzato il Sé e che non rispetta le convenzioni sociali. Secondo gli standard convenzionali il comportamento degli avadhuta è estremamente eccentrico.

parole dei Rishi, si inchinano ad ogni cosa con devozione, considerandola come Dio.

Amma [6] ricorda alcuni episodi della sua infanzia. Se le capitava di calpestare un pezzo di carta che era stato gettato nell'immondizia, lo toccava e si inchinava ad esso. Se non l'avesse fatto, la madre l'avrebbe sculacciata, ripetendole che quello non era un semplice pezzo di carta, ma la dea Saraswati, la dea della Sapienza in persona.

In modo simile, le era stato insegnato che se avesse calpestato accidentalmente dello sterco di mucca, avrebbe dovuto toccarlo in segno di rispetto. Lo sterco aiuta l'erba a crescere, le mucche mangiano l'erba e ci danno il latte che noi usiamo.

Sua madre le insegnò che non si deve sfiorare la soglia della porta con il piede: se per caso capita di farlo, occorre toccarla con la mano e inchinarsi. Un possibile motivo di questo comportamento sta nell'attribuire un valore simbolico al vano di una porta che indica l'ingresso a un nuovo stadio della vita. Quando si vedono le cose in questa prospettiva, tutto diventa prezioso. Niente può

---

[6] Amma di solito si riferisce a se stessa nella terza persona con "Amma" (Madre).

Amma risponde alle domande sul Sanatana Dharma

essere ignorato o ritenuto indegno. Consideriamo dunque ogni cosa con rispetto e reverenza [7].

Il *Bhagavatam* (la storia del Signore) e *Bhagavan* (il Signore) non sono distinti, ma sono la stessa cosa. Il mondo e Dio non sono disgiunti e così vediamo l'unità nella diversità, nella molteplicità. Questo spiega perché ancora oggi, quando ad Amma succede di calpestare qualcosa, lo tocca e poi si sfiora la testa per mostrare rispetto verso quell'oggetto. Sebbene sappia di non essere separata da Dio, tuttavia si inchina ad ogni cosa. Anche se le scale che ci permettono di salire al piano superiore e il piano superiore stesso sono costruiti con il medesimo materiale, Amma non può ignorare le scale che ci consentono di procedere. Amma rispetta tutte le osservanze che aiutano a raggiungere la meta suprema.

I suoi figli potrebbero chiedersi se Amma abbia bisogno di questa attitudine. Supponiamo che un bambino sia itterico e non possa mangiare il sale

---

[7] Alcuni possono chiedersi perché Amma dia così tanta importanza a tutte le cose del mondo manifesto, ritenuto dal Sanatana Dharma *Maya* (illusione). A questo proposito, Amma dice: "Quando diciamo che il mondo esterno non è vero o reale, ma falso e illusorio, non intendiamo affermare che non esista, ma solo che non è permanente, che è costantemente in uno stato di cambiamento".

perché peggiorerebbe le sue condizioni. Al bambino non piace il cibo insipido e quindi se vedesse qualcosa di salato lo afferrerebbe immediatamente, per questo sua madre non usa il sale quando cucina e, per amore, tutti i famigliari, anche se sani, evitano di salare quello che mangiano. In modo simile Amma è di esempio, anche se lei non ha bisogno di osservare nessuna di queste regole.

Poiché il Sanatana Dharma ci insegna a vedere la Divinità in ogni cosa, la dannazione eterna non esiste. Si pensa che, per quanto si possa aver peccato, sia ancora possibile purificarsi e infine realizzare Dio attraverso buoni pensieri e opere. Ciascuno, con un pentimento sincero, può sottrarsi agli effetti dei propri errori, indipendentemente dalla gravità degli stessi. Non c'è peccato che non possa essere purificato con il pentimento. Ma questo non deve essere simile al bagno di un elefante che non appena esce dall'acqua si impolvera di nuovo. Molte persone si comportano in questo modo con i propri errori!

Nella vita si possono commettere molti sbagli, ma i figli di Amma non si devono scoraggiare. Se cadete, pensate semplicemente che lo avete fatto solo per potervi rialzare. Non restate distesi pensando che comunque si sta abbastanza comodi per terra! E non demoralizzatevi per la caduta. Cercate di risollevarvi e andare avanti.

Quando si scrive con una matita su un pezzetto di carta, si può usare una gomma per eliminare l'errore e riscrivere le parole, ma se continuiamo a commettere lo stesso errore e cerchiamo comunque di cancellare, la carta può lacerarsi. Quindi, figli miei, cercate di non ricadere nei vostri errori. Sbagliare è naturale, ma state attenti, siate vigili!

Il Sanatana Dharma non rifiuta nessuno considerandolo indegno per sempre. Ritenere una persona non meritevole del sentiero spirituale sarebbe come decidere, dopo aver costruito un ospedale, che l'ingresso è vietato ai malati. Persino un orologio rotto segna l'ora giusta due volte al giorno! È necessario avere un atteggiamento di accoglienza. Quando evitiamo qualcuno perché 'inadatto', favoriamo in lui la nascita di sentimenti di vendetta e istinti animali e lo spingiamo a ricadere nell'errore. Se, invece, lodiamo le sue qualità positive e cerchiamo pazientemente di correggere le sue mancanze, possiamo realmente elevarlo.

Commettiamo degli errori perché ignoriamo chi siamo realmente. Il Sanatana Dharma non respinge nessuno e i suoi insegnamenti forniscono a ciascuno la conoscenza necessaria. Se i saggi si fossero limitati a tacciare il cacciatore Ratnakara di ladro e lo avessero allontanato, il saggio Valmiki non sarebbe nato[8]. Il Sanatana Dharma mostra che anche un predone può essere trasformato in una grande anima.

Nessuno getterà via un diamante perché si trova tra gli escrementi: qualcuno lo raccoglierà, lo pulirà e lo farà proprio. Non è possibile rifiutare nessuno, poiché l'Essere Supremo è presente in tutti. Dobbiamo essere capaci di vedere Dio in ognuno, indipendentemente dal suo status sociale. Perché questo sia possibile, occorre dapprima lavare le impurità che coprono la nostra mente.

Gli insegnamenti del Sanatana Dharma sono gemme eterne che i generosi Rishi, nella loro compassione, hanno donato al mondo. Chiunque voglia vivere non può fare a meno dell'aria e dell'acqua. In modo simile chiunque cerchi la pace non può ignorare i principi del Sanatana Dharma, che non chiede di credere in un Dio che vive nell'alto dei cieli, ma afferma: "Abbiate fede in voi stessi. Ogni cosa è in voi!"

Sebbene una bomba atomica possa ridurre in cenere un continente, la sua forza risiede nei minuscoli atomi. Un albero di banyan può con i rami

---

[8] Consultare il glossario e leggere la storia di Valmiki.

coprire un'ampia area, ma origina comunque da un piccolo seme. Dio, in essenza, esiste in ciascuno di noi: questo è il punto. Possiamo imparare ciò utilizzando la ragione e le esperienze che derivano dalla nostra pratica spirituale. È sufficiente seguire con impegno una delle vie indicate per risvegliare questo potere.

Devozione, fede, attenta consapevolezza in ogni azione: questo è l'insegnamento del Sanatana Dharma che non ci chiede di credere ciecamente. Prima di usare un macchinario dobbiamo conoscerne il funzionamento, altrimenti lo potremmo danneggiare. La conoscenza (jnana) è necessaria per agire correttamente; compiere azioni con la consapevolezza nata dalla comprensione di questa conoscenza è attenta consapevolezza.

Un uomo versa per tutto il giorno dell'acqua in una cisterna, senza però riuscire a riempire il serbatoio. Cercando di capirne il motivo, scopre infine che uno dei fori di scarico non era stato chiuso. In questo esempio, la conoscenza consiste nel capire che, se non si chiude la falla, nessun quantitativo di acqua potrà riempire la cisterna. Un'attenta consapevolezza nasce dal nostro impegno a utilizzare la conoscenza acquisita. Solo agendo con attenta consapevolezza otterremo il risultato desiderato.

La verità eterna

A cinque contadini venne affidato il compito di piantare dei semi. Uno di loro scavò i buchi nella terra, un altro vi mise il fertilizzante, un terzo innaffiò il terreno, un altro li coprì con la terra. Passarono i giorni, ma nessun seme germinò. L'agricoltore esaminò il terreno per scoprire che cos'era successo e si accorse che colui che avrebbe dovuto seminare non l'aveva fatto! Questa è un'azione compiuta senza un'attenta consapevolezza: essa non dà il risultato desiderato.

Lo scopo di ogni nostro atto nella vita è quello di avvicinarci a Dio. Dobbiamo agire in modo disinteressato, senza il senso dell'Io. Occorre essere coscienti che le nostre azioni sono rese possibili solo dalla grazia e dal volere di Dio. Questa è conoscenza (jnana) applicata all'azione (karma). Un'azione svolta con simile conoscenza e attenta consapevolezza è karma yoga, lo yoga dell'azione disinteressata.

Quando agiamo con vigile consapevolezza, dimentichiamo noi stessi, la mente si concentra su un punto e sperimentiamo una gioia intensa. Così nasce la devozione. Quando facciamo uno sforzo con attenta consapevolezza e devozione, esso porterà sicuramente dei risultati e nel momento in cui otterremo i frutti di quella azione la nostra fede

Amma risponde alle domande sul Sanatana Dharma

si rafforzerà. Tale fede non vacillerà, nessuno la potrà scuotere. Attenta consapevolezza, devozione e fede: le azioni compiute con attenta consapevolezza sviluppano la devozione che porta alla fede.

La maggior parte dei testi del Sanatana Dharma sono scritti sotto forma di dialogo e contengono le risposte di un maestro realizzato alle domande del discepolo, che è libero di porre qualsiasi interrogativo fino a che i suoi dubbi siano completamente chiariti. Questo metodo sviluppa attenta consapevolezza nel discepolo.

L'Induismo non è contro nessuno né chiede di rinunciare alla propria fede e religione; di fatto esso considera ingiusto distruggere la fede di qualcuno. Per il Sanatana Dharma tutte le religioni sono sentieri differenti che conducono alla stessa meta, esso non nega nulla, accoglie tutto. Per un induista non vi è una religione separata, concetto sconosciuto nell'antica India.

Qualunque sia la religione a cui apparteniamo, è necessario rimanere fermi nella nostra fede e procedere nella vita. Solo questo aiuterà il ricercatore a raggiungere l'obiettivo supremo. I sentieri del karma yoga, bhakti yoga e jnana yoga possono essere seguiti da persone di qualsiasi fede religiosa, in accordo col tempo in cui vivono e con il loro stile di vita.

L'oceano e le sue onde possono angosciare chi non sa nuotare, ma un bravo nuotatore sarà felice tra le onde dell'oceano. In modo simile, la vita è colma di gioia per coloro che hanno assorbito i principi della spiritualità, per loro la vita è una festa. Ciò di cui abbiamo bisogno è scoprire come provare gioia mentre siamo in vita, non dopo la morte. Proprio come si deve imparare l'arte della gestione aziendale per avere successo negli affari, così è essenziale imparare l'arte di gestire la vita per poterla vivere felicemente. Il Sanatana Dharma è la vasta scienza che si occupa di come condurre la vita.

I contenuti delle Scritture indiane, come le Upanishad, la Bhagavad Gita, i Brahma Sutra, il Ramayana e il Mahabharata, sono verità eterne, accessibili alle persone di ogni tempo. Queste opere non sono settarie, sono basate sulla ragione e possono essere messe in pratica da chiunque. Gli argomenti trattati nel Sanatana Dharma sono comprensibili a tutti, proprio come lo sono i testi che trattano di salute, psicologia e scienze sociali. Assimilare i principi del Sanatana Dharma porterà alla felicità e al progresso di tutta l'umanità.

Amma risponde alle domande sul Sanatana Dharma

Domanda: Perché abbiamo bisogno di credere in Dio?

Amma: È possibile vivere senza credere nell'Essere Supremo, ma per affrontare una crisi, procedendo con decisione e con passi fermi, abbiamo bisogno di rifugiarci in Dio, dobbiamo essere pronti a seguire la Sua via.

Una vita senza Dio è come una causa nella quale due avvocati discutono senza la presenza di un giudice: l'udienza non porterà a nulla. Senza un giudice non vi sarà nessuna sentenza.

Adorare Dio ci aiuta ad alimentare le nostre qualità divine. Potremmo fare a meno della fede se riuscissimo, anche in sua assenza, ad assorbire tali qualità. Che si creda oppure no, l'Essere Supremo esiste come Verità che non può essere sminuita in nessun modo e non è influenzata dalla nostra eventuale accettazione.

La forza di gravità è un dato di fatto, non cessa di operare se la neghiamo. Se non crediamo all'esistenza della gravità e saltiamo da una certa altezza, dovremo riconoscere la sua presenza dalle conseguenze dolorose della caduta. Non ammettere una simile verità è come creare il buio chiudendo gli occhi. Se si riconosce la Verità Universale, Dio, e si vive in accordo con quella realtà si procederà agevolmente lungo il cammino della vita.

Domanda: Qual è il principio su cui si basa l'adorazione di un'immagine?

Amma: Di fatto gli Induisti non adorano le immagini in sé, ma venerano il Supremo Potere presente in ciascuna immagine. Quando un bambino vede un quadro che raffigura suo padre, pensa al genitore e non all'artista che lo ha dipinto. Quando un giovane guarda una penna o un fazzoletto datogli dalla sua amata, pensa a lei e non all'oggetto da cui non si separerà mai. Per lui quella penna non è una comune penna e quel fazzoletto non è solo un fazzoletto: in essi sente la donna che ama.

Se un oggetto comune può generare in un uomo o in una donna innamorati questi potenti sentimenti, pensate quale valore potrà avere per un devoto un'immagine divina che gli rammenti Dio! Per il devoto l'immagine scolpita dell'Essere

Amma risponde alle domande sul Sanatana Dharma

Supremo non è soltanto un pezzo di pietra, ma incarna la Coscienza Suprema.

Alcuni domandano: "Il matrimonio non consiste semplicemente nel fare un nodo?" Sì, è vero che il semplice atto del cingere e annodare un normale cordoncino [9] intorno al collo sancisce un matrimonio, ma pensate a quale valore attribuiamo a quel pezzettino di cordone e a quell'istante! È un momento che pone le basi di una vita. Il valore di quella cerimonia non ha alcun rapporto con il valore del cordoncino, bensì con il valore complessivo della vita stessa. Allo stesso modo, il valore di un'immagine divina non risiede nel valore della pietra nella quale è scolpita. Quella figura è inestimabile, corrisponde alla Madre o al Padre Universale. È l'ignoranza che la fa ritenere solo un blocco di pietra. Un rito di culto inizia generalmente con il proponimento: "Adoro Dio in questa immagine".

Sarebbe difficile per le persone comuni adorare la Coscienza Suprema onnipresente senza l'ausilio

---

[9] Nella tradizionale cerimonia matrimoniale induista, un cordoncino o catenella alla quale viene appeso un ciondolo è legata al collo della sposa. Essa viene indossata per tutta la vita matrimoniale e simboleggia il vincolo durevole tra marito e moglie.

di qualche simbolo che la rappresenti. Una raffigurazione del Divino può essere di grande aiuto per nutrire la devozione e focalizzare la mente su di un unico punto. Quando siamo davanti all'immagine, chiudiamo gli occhi e preghiamo: in tal modo l'immagine ci aiuta a interiorizzarci e a risvegliare l'essenza divina in noi.

Questa modalità di culto sottintende anche un altro principio importante. Braccialetti e cavigliere, orecchini, collane e anelli d'oro sono prodotti con lo stesso metallo: il loro elemento comune è l'oro. In modo simile, Dio è il substrato di ogni cosa. Dovremmo riuscire a percepire l'unità di fondo nella diversità ed essere consapevoli della fondamentale e sostanziale unità, sia che si tratti di Shiva, Vishnu, o Muruga (Subramanya) [10]. È necessario che comprendiamo come ogni forma sia una manifestazione differente di un unico Dio, adottata poiché essendovi varie culture, ogni persona possa scegliere la forma che preferisce.

Prima di riuscire a vedere chiaramente il nostro viso riflesso, dobbiamo rimuovere la polvere e lo sporco dallo specchio. In modo simile,

---

[10] Muruga è un dio creato da Shiva per assistere le anime nella loro evoluzione, specialmente attraverso la pratica dello yoga. È il fratello di Ganesha.

solo quando eliminiamo le impurità accumulate nella nostra mente possiamo vedere Dio. I nostri antenati stabilirono l'adorazione dell'immagine e altre pratiche come parte del Sanatana Dharma per purificare e unificare la mente. Nel Sanatana Dharma cerchiamo Dio in noi stessi e non in qualche luogo esterno; realizzandoLo al nostro interno, Lo sapremo vedere ovunque.

Dio non ha un lato interno e uno esterno, è la Coscienza Divina onnipresente e onnipervadente. Sono le nostre identità individuali, il senso dell'Io, che ci fanno percepire l'interno e l'esterno. Attualmente le nostre menti sono rivolte all'esterno, non all'interno. La mente è attaccata ai molteplici oggetti che ci circondano e prova per essi un senso di possesso, il senso del 'mio'. Adorare un'immagine favorisce l'interiorizzazione della mente e il risveglio della nostra innata coscienza divina.

Domanda: Alcune persone rimproverano alla fede induista di praticare l'adorazione dell'immagine. Queste critiche hanno qualche fondamento?

Amma: Non è chiaro il motivo di tali critiche. L'adorazione di un'immagine è diffusa sotto forme diverse in tutte le religioni: nel Cristianesimo, nell'Islam, nel Buddismo; la sola differenza consiste nell'immagine e nel modo in cui viene adorata. Nel Cristianesimo non vengono offerti dolci o petali di fiori, ma vengono accese delle candele. Il sacerdote offre il pane come corpo di Cristo e il vino come sangue; mentre gli Induisti bruciano la canfora, molti Cristiani bruciano l'incenso. Per i Cristiani la croce simboleggia il sacrificio e l'altruismo: essi si inginocchiano davanti alla forma di Cristo e pregano.

Nell'Islam, le persone considerano sacra la Mecca e si prostrano in quella direzione; si siedono davanti alla Kabaa, pregando e contemplando le qualità di Dio. Tutte queste preghiere servono a risvegliare le qualità positive presenti in noi.

Nella lingua malayalam si imparano dapprima le consonanti semplici, ka, kha, ga, gha, così da poter in seguito imparare a leggere parole con suoni composti; in italiano, invece, si comincia con a, b, c. In modo simile, tutte le differenti forme di adorazione aiutano a sviluppare le nostre qualità divine.

Domanda: Per quanto riguarda l'adorazione dell'immagine, non si dovrebbe venerare l'artista che ha creato la forma divina piuttosto che la scultura stessa?

Amma: Quando vediamo la bandiera nazionale rispettiamo la bandiera o il sarto? O forse il tessitore, il produttore del filato o l'agricoltore che ha coltivato il cotone? Nessuno pensa a queste persone, ci ricordiamo invece della nazione che la bandiera rappresenta.

Nello stesso modo, una figura divina non ci ricorda lo scultore, ma Dio, il divino scultore di tutto l'universo. L'Essere Supremo è la sorgente da cui l'artista trae ispirazione e forza per scalpellare l'immagine. Se concordiamo sulla necessità che occorra uno scultore per produrre una statua, perché, allora, è così difficile credere che anche questo universo sia stato creato da uno scultore?

Adorando un'immagine divina, il nostro cuore si apre e riusciamo così ad amare e rispettare ogni essere vivente, anche l'autore dell'immagine. Pregando e visualizzando Dio in tale effigie, veniamo purificati interiormente ed elevati al livello dove vediamo e adoriamo Dio ovunque. Questo è lo scopo dell'adorare un'immagine. Mentre tutti i simboli che ci ricordano il mondo materiale sostanzialmente ci limitano e imprigionano, quelli che risvegliano la nostra consapevolezza del Divino ci portano a uno stato di espansione che oltrepassa ogni limite. L'adorazione dell'immagine ci aiuta a vedere Dio ovunque e in ogni cosa.

Domanda: Da dove ebbe origine l'adorazione dell'immagine?

Amma: Nel *Satya Yuga,* l'Era della Verità, [11] Prahlada - il giovane figlio del re demone Hiranyakashipu – in risposta alla domanda del padre, disse: "Dio esiste anche in questo pilastro!". Dio allora emerse dal pilastro nella forma di Narasimha, il divino uomo-leone. Essendo l'onnipervadente Dio emerso da un pilastro, fece avverare l'affermazione di Prahlada. Questo fu il primo caso di culto di un'immagine.

---

[11] *Satya Yuga* è noto come *Età dell'oro*. Ci sono quattro Yuga (ere o eoni). Vedi glossario.

Amma risponde alle domande sul Sanatana Dharma

La storia di Prahlada è famosa. Il re demone Hiranyakashipu voleva sottomettere i tre mondi ed essere sicuro di non morire mai. A questo scopo compì severi sacrifici per compiacere il Signore Brahma, il Creatore. Brahma gradì le sue austerità e apparve davanti a Hiranyakashipu, chiedendogli che cosa desiderasse da lui. Il re demone rispose: "Vorrei non essere ucciso da nulla che sia stato creato. Non devo incontrare la morte sulla spiaggia, né in acqua né in cielo né in terra. Non devo morire all'interno né all'esterno di una stanza, né di giorno né di notte, né rimanere ucciso da uomo, donna, esseri celesti *(deva),* demoni (*asura*), né da nessuna creatura vertebrata, umana o animale. Non devo neanche essere ucciso da un'arma". Brahma lo benedì dicendo: "Cosi sia!" e scomparve.

Mentre il re era intento a compiere le sue austerità, accadde che gli esseri celesti sconfissero i demoni in battaglia. Indra, il re degli dèi, aveva catturato Kayadhu, la moglie incinta del re Hiranyakashipu, e mentre la stava portando via incontrò il saggio Narada. Accogliendone il consiglio, Indra lasciò Kayadhu nell'eremitaggio del saggio e ritornò nel mondo celeste. Nel periodo in cui Kayadhu visse con Narada, il saggio le insegnò l'essenza del Bhagavatam e il bimbo nel suo grembo ascoltò questi discorsi.

Terminate le sue penitenze, Hiranyakashipu rientrò a palazzo e sconfisse i deva in battaglia. In seguito si recò all'eremitaggio del saggio e riportò sua moglie a corte. La forza del dono che aveva ricevuto tempo addietro accrebbe l'ego del sovrano: Hiranyakashipu conquistò tutti i tre mondi, assoggettandone gli dèi, vessando saggi e devoti e ponendo fine agli *yaga yajna*, elaborati riti sacrificali vedici. Proclamò che nessuno poteva ripetere un mantra che non fosse *Hiranya Namah*, (Gloria a Hiranya, cioè a lui stesso).

In quel particolare momento, sua moglie diede alla luce un figlio a cui venne dato il nome di Prahlada. Il bambino, ricordando tutti gli insegnamenti di Narada, crebbe devoto a Vishnu. Quando per Prahlada venne il tempo di iniziare gli studi, suo padre lo mandò in un *gurukula*[12]. Dopo qualche tempo, il re, ansioso di conoscere quello che il figlio aveva appreso, richiamò Prahlada a palazzo. Appena giunto, il padre gli chiese che cosa avesse

---

[12] Ashram in cui dimora un guru vivente e dove i discepoli vivono e studiano sotto la sua guida. Nei tempi antichi, i gurukula erano convitti in cui i bambini ricevevano un'educazione completa basata sui Veda.

imparato. Prahlada disse: "Il Signore Vishnu può essere adorato in nove modi: ascoltando le Sue storie, cantando le Sue glorie, ricordandoLo, facendo offerte ai Suoi piedi, adorandoLo, rendendoGli omaggio, servendoLo, essendo Suo amico e abbandonandosi completamente a Lui". Il ragazzo non l'aveva imparato a scuola, l'aveva sentito quando era nel grembo materno. Nell'udire il figlio affermare che bisognava adorare Vishnu, il suo stesso nemico, Hyaranyakashipu s'infuriò a tal punto da condannare Prahlada a morte. Nonostante i numerosi tentativi, i suoi soldati non riuscirono a ucciderlo. Infine il re abbandonò quell'idea e per distruggere la devozione del bimbo, lo rimandò al gurukula, dove i bambini asura, udendo casualmente i consigli di Prahlada, divennero anch'essi devoti del Signore. Quando questa notizia raggiunse Hiranyakashipu, egli fu preso nuovamente dall'ira e chiese a suo figlio: "Se oltre a me esiste un Dio dei tre mondi, dov'è?". "Dio è ovunque", rispose Prahlada. "Anche nel pilastro?", ruggì Hiranyakashipu. "Si, anche nel pilastro", ribatté Prahlada. Il re allora colpì con un forte pugno il pilastro che si spaccò a metà. Dalla pietra emerse il feroce Narasimha, il divino uomo-leone. Era il crepuscolo. Il Signore si sedette sulla soglia del palazzo, prese Hiranyakashipu sulle ginocchia e lo uccise dilaniandone il torace con gli artigli.

Così si avverarono le parole nate dal cuore innocente di Prahlada. Questo fu l'inizio del culto di adorazione dell'immagine. La fede di Prahlada era così forte da credere che Dio esistesse anche in un pilastro e la sua convinzione era così ferma che ciò che credeva si concretizzò. Soffermiamoci sul messaggio contenuto in questa storia: Dio Onnipotente può assumere ogni forma, può essere con o senza attributi. L'acqua salata può trasformarsi in cristalli di sale che a loro volta possono diventare acqua salata.

Questa vicenda ci invita a riflettere anche sulle limitazioni umane. L'intelligenza divina trascende la comprensione, persino quella della persona più intelligente e potente. C'è un limite all'intelligenza dell'uomo, mentre l'intelligenza di Dio non ha confini.

Hiranyakashipu aveva espresso il suo desiderio dopo attenta riflessione, con l'intento di evitare per sempre la morte. Quando gli venne concesso questo dono, credette fermamente che nessuno avrebbe potuto sconfiggerlo. Ma non conosceva Dio. Dio ha una soluzione per ogni cosa. Egli apparve infatti al crepuscolo (quando non è né

Amma risponde alle domande sul Sanatana Dharma

giorno né notte), tenne il demone sulle ginocchia (né in acqua né in terra), sulla soglia del palazzo (né fuori né dentro), e assunse la sembianza di un uomo-leone (né uomo né animale). Non venne usata nessuna arma, perché il re fu ucciso con gli artigli. Quindi Dio, nella forma di Narasimha, uccise l'ingiusto Hiranyakashipu senza violare il dono di Brahma.

Dio è superiore all'intelligenza umana. C'è solo un modo per conoscerLo [13]: offrire interamente se stessi, prendendo rifugio ai Suoi piedi. È la via del completo abbandono.

Gli esseri umani hanno l'intelligenza dell'ego e il potere della discriminazione. La discriminazione *(viveka)* è pura intelligenza, è priva di impurità, è come uno specchio che riflette Dio con chiarezza. Ma solo coloro che si abbandonano al Signore possono superare i limiti della loro intelligenza umana e andare oltre.

Alcuni chiedono: "È possibile vedere Dio con i propri occhi? Io non credo a ciò che non vedo!". Ci si dimentica però che i nostri organi di senso, come la nostra vista e l'udito, sono molto limitati.

---

[13] Amma dice che Dio trascende ogni definizione di genere. Tuttavia, quando parla, si riferisce a Dio nel modo più tradizionale, usando il pronome Egli.

La verità eterna

Amma ha una domanda: potete vedere la corrente elettrica che passa attraverso un cavo? Direste che manca la corrente solo perché non la potete vedere? Prenderete la scossa se toccate il cavo. Questa è esperienza.

Supponiamo di vedere un uccello spiccare il volo. Vola sempre più in alto sino a quando non scompare ai nostri occhi. Affermeremo che l'uccello non esiste più perché è diventato invisibile? Quale logica si segue scegliendo di credere solo a ciò che cade nel nostro limitato campo visivo?

Per un giudice le affermazioni di un migliaio di persone che dicono di non aver visto commettere un crimine non sono una prova. La prova va cercata nelle parole di chi è stato testimone del delitto. In modo simile, chiunque dica che Dio non esiste, non prova nulla; la prova risiede nelle parole dei Saggi che hanno avuto l'esperienza di Dio.

Un ateo camminava per la strada proclamando l'assenza di Dio. Arrivò a casa di un amico che aveva un bel mappamondo. "Oh, quanto è bello!", esclamò. "Chi l'ha fatto?". L'amico, che era un credente, disse: "Se un modello artificiale della Terra non può esistere senza colui che l'ha costruito, sicuramente la creazione della vera Terra richiede un Creatore!".

Si dice che il seme contenga un albero. Se lo raccogliete e lo guardate, o lo mordete, non vedrete l'albero. Provate però a piantare il seme, coltivatelo, e vedrete una pianticella spuntare. È inutile limitarsi a parlare, occorre impegnarsi. Solo allora sarà possibile fare esperienza.

Uno scienziato crede negli esperimenti che conduce. Sebbene molti tentativi siano infruttuosi, non si dà per vinto, ma continua nelle sue ricerche, sperando che il tentativo seguente abbia successo.

Pensate a quanti anni sono necessari per diventare medico o ingegnere. Gli studenti non si lamentano dicendo che l'attesa è troppo lunga. Sono la loro determinazione negli studi e un atteggiamento di accettazione che permettono loro di raggiungere lo scopo.

Non è possibile vedere Dio con gli occhi. Dio è la causa di ogni cosa. Se vi chiedessero cosa sia venuto prima, il seme di mango o l'albero, cosa rispondereste? Perché l'albero possa nascere è necessario il seme e perché esista un seme deve esserci stato prima un albero. Esiste quindi una causa specifica dietro l'albero e il seme: questa causa è Dio. Dio è la causa prima, è il Creatore di ogni cosa. Dio è tutto. Per conoscerLo è necessario sviluppare le qualità divine in noi e abbandonare a Lui il nostro ego. Solo allora sperimenteremo i Suoi attributi.

Prahlada esemplifica il più alto grado di devozione. È difficile trovare un devoto che abbia un simile grado di abbandono. Quando non riusciamo a ottenere i risultati sperati, di solito biasimiamo qualcun altro e desistiamo. E quando sorgono difficoltà nella vita, la nostra fede viene facilmente scossa e muoviamo critiche a Dio. Prendiamo invece l'esempio di Prahlada: i soldati del padre cercarono di ucciderlo tenendolo sott'acqua, gettandolo nell'olio bollente, facendolo precipitare da una montagna, appiccandogli fuoco. Furono numerosi i loro tentativi, ma ogni volta la fede di Prahlada non vacillò e fu questa fede incrollabile che lo protese da ogni male. Mentre la sua vita era in pericolo, Prahlada ripeteva il mantra: "Narayana! Narayana!" Gli vennero suggerite frasi con lo scopo di distruggere il suo credere in Dio: "Sri Hari (Vishnu) non è Dio, è un ladro! Non esiste nessun Dio!", ecc., ma Prahlada continuava a ripetere il nome divino con attenta consapevolezza.

Molto spesso, appena sentiamo qualcosa di negativo su qualcuno, perdiamo la fiducia in lui. Se delle tribolazioni attraversano il nostro cammino, perdiamo la fede. La nostra devozione è una devozione part-time: ci rivolgiamo a Dio quando abbiamo bisogno di qualcosa, altrimenti non ci ricordiamo assolutamente di Lui. E se i nostri desideri non vengono soddisfatti, la nostra fede scompare. Questa è la nostra condizione. Prahlada, invece, nonostante le avversità che dovette affrontare, non esitò mai e ogni difficoltà rafforzò la sua fede. Più numerosi erano gli ostacoli, più fermamente egli si aggrappava ai piedi di Dio, talmente completo era il suo abbandono. Prahlada divenne quindi un faro capace di illuminare il mondo intero. Ancora oggi la sua storia e la sua devozione portano luce a migliaia di cuori.

Prahlada si distinse per la sua devozione e per l'aver realizzato la non dualità *(advaita)*. Qualunque cosa venga toccata da chi possiede l'abbandono totale di Prahlada "si trasformerà in oro". Questo è lo stato a cui si giunge con l'atteggiamento di auto-abbandono.

La devozione di Prahlada condusse anche alla liberazione del padre Hiranyakashipu, poiché si raggiunge la liberazione morendo per mano di Dio. Cessò di identificarsi con il corpo e divenne consapevole del suo vero Sé (Atman). Il corpo non dura per sempre e Hiranyakashipu fu aiutato a sperimentare che solo il Sé è eterno.

Gli esseri umani sono veramente minuscoli, ma orgogliosi della loro intelligenza e abilità criticano Dio. Dio è il principio che trascende l'intelligenza umana. Le pratiche spirituali come quelle prescritte dai Rishi aiutano a raggiungerLo; una di queste pratiche è l'adorazione delle immagini divine.

Domanda: Nell'Induismo vengono venerate 300 milioni di divinità. Esiste veramente più di un Dio?

Amma: L'Induismo afferma che esiste un solo Dio e insegna non solo che c'è un unico Essere Supremo, ma anche che nell'universo non vi è niente altro che quell'Essere Supremo. Dio si manifesta in ogni cosa dell'universo, Dio è la Coscienza onnipervadente. Egli trascende ogni nome e forma, ma può anche prendere qualsiasi forma per benedire un devoto. Può manifestarsi in innumerevoli forme, modi e aspetti divini. Il vento può apparire come brezza gentile, come forti raffiche o come tempesta furiosa. Quale manifestazione è impossibile per Dio onnipotente, che controlla anche la tempesta? Chi può descrivere la Sua gloria? Proprio come l'aria può essere immobile o soffiare come vento e l'acqua può trasformarsi in vapore o ghiaccio, Dio può presentarsi con o senza attributi. Analogamente, Egli è uno ed è il Dio adorato dagli Induisti in una grande varietà di forme e stati: Shiva, Vishnu, Ganesha, Muruga, Durga, Saraswati e Kali.

I gusti variano da persona a persona. Gli uomini crescono in ambienti e culture differenti. Nel Sanatana Dharma le persone sono libere di adorare la forma o l'aspetto di Dio che meglio si adatta ai loro gusti e al loro sviluppo mentale. In questo modo le molteplici manifestazioni di Dio presenti nell'Induismo non sono divinità diverse, ma sono tutte aspetti di un unico Essere Supremo.

Domanda: Se Dio è onnipresente, che bisogno abbiamo di erigere dei templi?

Amma: Una delle caratteristiche del Sanatana Dharma è scendere al livello di ciascun individuo ed elevarlo. Le persone hanno differenti samskara e vanno guidate secondo le loro tendenze interiori. Ai pazienti allergici a certi farmaci occorre prescrivere medicine alternative. In modo simile, è importante considerare le specificità mentali e fisiche di ognuno e indicare metodi appropriati che si accordino con il suo samskara. Per questo sono nate diverse tradizioni e si sono sviluppate diverse vie - la via della devozione, dell'azione altruistica, dell'adorazione del Divino con attributi e senza attributi – accomunate però da un unico e fondamentale elemento: la discriminazione tra l'eterno e l'effimero.

L'*archana* [14], il canto devozionale e l'adorazione rituale hanno lo stesso scopo. A un bambino cieco si insegna l'alfabeto con il tatto, e a un bambino sordo con il linguaggio dei segni. Ognuno deve essere guidato secondo il proprio livello di comprensione. I templi sono necessari perché, portando il Divino sul piano fisico, possiamo elevare le

---

[14] Una forma di culto in cui vengono recitati senza interruzione vari nomi di una divinità. Normalmente si tratta di 108, 300, o 1000 nomi.

persone comuni. Non si può ignorare o rifiutare nessuno.

Anche se l'aria è ovunque, non la si percepisce meglio accanto a un ventilatore? Sotto un albero c'è una particolare frescura non avvertibile altrove, percepiamo la presenza del vento e ne godiamo la freschezza. In modo simile, quando adoriamo Dio tramite un simbolo (*upadi*) che lo rappresenta, è più facile comprenderne la divina presenza. Anche se il sole splende ovunque, occorrerà una lampada per illuminare una stanza che ha le tende o gli scuri chiusi. La mucca ci fornisce il latte, ma dobbiamo raccoglierlo dalle sue mammelle, non certo dalle orecchie. Dio è in ogni cosa, ma in un tempio la Sua presenza sarà più facilmente avvertita dai devoti. Perché questo accada, è fondamentale avere fede; la fede rende la mente ricettiva. Anche se Dio è nel tempio, l'incredulo non sentirà questa presenza. È la fede che rende possibile tale esperienza.

Una volta Amma e alcuni suoi figli [15] indiani stavano assistendo a una danza eseguita da coppie occidentali. Una delle discepole rimase turbata vedendo che i due ballerini si tenevano per mano

---

[15] Amma si riferisce sempre ai discepoli e devoti chiamandoli figli e figlie.

mentre danzavano. "Oh no! Che genere di danza è quella!", esclamò. "Un uomo e una donna che danzano così vicini!" Amma le domandò: "Se Shiva e Parvati danzassero così vicini, ti scandalizzeresti?" Nella loro danza vedremmo il Divino e non proveremmo alcun fastidio. Quando parliamo di Shiva e Parvati, c'è il senso del sacro, c'è la fede nelle nostre parole. Perciò se loro danzassero, quella danza verrebbe glorificata. Ma non riuscendo a scorgere il Divino in quell'uomo e in quella donna, rimaniamo scossi dal loro comportamento! In questo esempio è evidente il ruolo della mente. Impegnandoci assiduamente in ciò in cui crediamo, sperimenteremo la presenza di Dio. La fede è il fondamento.

I luoghi sacri in cui moltissime persone pregano con la mente rivolta allo stesso oggetto, acquisiscono caratteristiche non riscontrabili altrove. L'atmosfera di un bar o di un negozio di liquori è diversa da quella di un ufficio e così pure l'atmosfera di un tempio non è quella di un bar. Nel bar perdete la vostra sanità mentale, nel tempio la acquistate. Nei luoghi sacri sono presenti le vibrazioni create da pensieri positivi che rasserenano e donano pace a una mente tormentata. L'aria che si respira in una fabbrica di profumi è particolare, colma di meravigliose fragranze e ben diversa da quella di un'industria chimica. Nel tempio, il clima di devozione e vibrazioni sacre favoriscono la concentrazione mentale e risvegliano in noi amore e devozione. Un tempio è come uno specchio in cui possiamo vedere facilmente lo sporco sul nostro viso, aiutandoci così a pulirlo. In modo simile, il culto praticato nel tempio ci aiuta a purificare il cuore.

Compiere atti di culto è il primo stadio nell'adorazione di Dio. Benché il tempio e l'immagine divina che vi è installata ci consentano di adorare Dio in modo personale stabilendo un legame con Lui, dobbiamo gradualmente acquisire la capacità di vedere la Coscienza Divina ovunque. Acquisire tale visione è lo scopo di queste pratiche e ciò diventa possibile quando vengono svolte nel modo appropriato.

Quando siamo piccoli, ci vengono mostrate diverse figure di uccelli e ci viene detto: "Questo è il pappagallo, quello è il merlo indiano". In seguito, quando saremo più grandi, non avremo bisogno delle figure. Le immagini sono necessarie solo all'inizio.

In verità, ogni cosa è Dio, non c'è nulla che non lo sia.

La verità eterna

Le scale e il piano superiore di una casa sono entrambi costruiti con mattoni e cemento, ma ce ne accorgiamo solo quando arriviamo in cima – e per giungerci abbiamo bisogno delle scale. Questa immagine illustra i benefici che possiamo trarre dal tempio.

Un noto adagio dice che si può nascere in un tempio, ma che non bisognerebbe morirci. Facciamo di questo luogo lo strumento per cercare Dio, senza rimanerne emotivamente legati. Saremo liberi solo quando abbandoneremo ogni attaccamento. Non pensiamo che Dio risieda esclusivamente nelle immagini del tempio, perché tutto è pervaso dalla coscienza, la Coscienza Suprema. Nulla è inerte. Grazie alla pratica dei rituali, si può pervenire a uno stato interiore dove percepiamo la natura divina di ogni cosa nell'universo, dove amiamo e serviamo tutte le creature. È un atteggiamento di profonda accettazione verso tutto ciò che è. Dobbiamo raggiungere la consapevolezza che noi stessi e tutto ciò che ci circonda siamo Dio, sviluppando l'attitudine a scorgere l'unità in tutto, vedendo ogni cosa come vediamo noi stessi. Cosa potremmo mai odiare quando Dio è presente ovunque? Il tempio e i suoi rituali ci aiutano a raggiungere questo stato.

Amma risponde alle domande sul Sanatana Dharma

L'oceano e le onde sembrano differenti, ma sono entrambi acqua. Braccialetti, collane, anelli e cavigliere appaiono distinti e adornano diverse parti del corpo, ma in realtà sono tutti fatti con oro. Se consideriamo il materiale con cui sono prodotti, sono tutti uguali, non c'è differenza. Solo se li osserviamo da un punto di vista esterno ci appaiono diversi. Allo stesso modo gli oggetti intorno a noi possono apparire differenti, ma in realtà sono la stessa cosa: Brahman, la Realtà assoluta. Esiste solo Quello: realizzarLo, farne esperienza è lo scopo della vita umana. Allora i problemi svaniranno completamente, proprio come le tenebre si dissolvono al sorgere del sole.

Oggi gli scienziati affermano che ogni cosa è energia. I Rishi si sono spinti oltre, sostenendo che ogni cosa è coscienza, la Coscienza Suprema. *Sarvam brahmamayam* – Tutto è Brahman, il Sé Supremo – questa fu la loro esperienza personale.

Ma per comprenderne il significato occorre superare il concetto che Dio risieda solo nelle immagini dei templi e scorgere il Supremo in ogni cosa. Per giungere a questo stato, le pratiche rituali devono essere svolte con la comprensione di questo principio. In realtà ciò che adoriamo è il Sé che risiede in noi, ma poiché per la maggior parte delle persone è difficile capirlo, proiettiamo il Principio Supremo sull'idolo, come uno specchio, e Lo veneriamo nell'immagine sacra. Mentre compiamo la nostra adorazione nel tempio, dovremmo costruire un tempio interiore così da vedere Dio in ogni luogo. Questo è lo scopo per cui si venerano le immagini sacre in un tempio. E in effetti è ciò che facciamo quando, di fronte al sancta sanctorum, guardiamo per un istante l'immagine prima di chiudere gli occhi. Visualizziamo in noi l'immagine di Dio che abbiamo visto nella parte sacra del tempio e poi, aprendo gli occhi, speriamo di riuscire a scorgere Dio in ogni cosa. In questo modo possiamo trascendere tutte le forme e realizzare il Sé onnipresente.

Per molti di noi l'adorazione di Dio è un'attività a cui dedichiamo parte del nostro tempo, ma occorre che questa pratica ci assorba completamente; pregare perché un desiderio venga esaudito è una devozione incompleta, part-time. Sono l'amore e la devozione verso Dio che conducono all'Amore Supremo, sono queste qualità che ci sono necessarie. Il nostro unico desiderio dovrebbe essere amare Dio, la nostra preghiera non dovrebbe avere nessun'altra intenzione. Dovremmo pensare continuamente a Lui, vederLo in ogni cosa. È

Amma risponde alle domande sul Sanatana Dharma

Dio che ci rende possibile pregare, senza la Sua energia non potremmo alzare neppure un dito. Una devozione costante significa essere sempre consapevoli che è Dio che ci fa agire. In questo modo possiamo liberarci del senso dell'Io, radicato nel piano corpo-mente-intelletto, e sperimentare la nostra identità con la Coscienza onnipresente.

Il grande poeta Kalidasa entrò in un santuario e chiuse la porta. La Madre Divina bussò alla sua porta e, quando questa non si aprì, domandò: "Chi c'è dentro?", "Chi c'è fuori?", fu la pronta risposta. Di nuovo Lei chiese: "Chi c'è dentro?", ma ricevette la stessa risposta: "Chi c'è fuori?". Infine la Madre Divina disse: "C'è Kali all'esterno" e arrivò la risposta: "C'è il Tuo *dasa* (servitore) all'interno!".

Sebbene ripetutamente interrogato, Kalidasa non rivelò chi vi fosse all'interno; non disse mai il suo nome. Solo dopo che gli fu risposto: "C'è Kali all'esterno", egli disse: "Il Tuo servitore è all'interno". Fu in quel momento che ebbe la visione completa di Kali. Quando si perde l' 'Io', tutto quello che rimane è 'Tu, Dio'. L'insignificante identità 'Io' deve essere eliminata. La vera devozione è la consapevolezza che "Tu sei tutto! Tu ci fai fare ogni cosa!" In questo modo si ottiene tutto, dopo di che non c'è niente altro da raggiungere.

La verità eterna

Dio ci ha dato la vista. Egli non ha bisogno della luce di una lampada a olio che abbiamo acceso al costo di dieci rupie! Dio non ha nulla da ricavare da noi. Quando prendiamo rifugio in Lui, siamo noi che ci guadagniamo. Il denaro che offriamo in un tempio rappresenta il nostro abbandono e favorisce questo atteggiamento. Inoltre, quando accendiamo una lampada alimentata con olio o burro chiarificato, il fumo della fiamma purifica l'atmosfera. Non dobbiamo fare un'offerta solo perché un desiderio venga realizzato. Cerchiamo di non considerare Dio come qualcuno corruttibile con del denaro!

Anche la migliore varietà di semi non potrà germogliare se resterà nelle nostre mani: dobbiamo lasciar cadere i semi e piantarli nel suolo. Solo con l'abbandono raccogliamo il beneficio. In modo simile, occorre sostituire l'atteggiamento: "Questo è mio" o "Il mio desiderio deve essere soddisfatto" con l'attitudine "Ogni cosa Ti appartiene. Sia fatta la Tua volontà!". Solo così la nostra devozione sarà completa.

Molti pensano che l'abbandono consista nel dare qualcosa a Dio: solo allora si otterrà qualche risultato. Ma non è così che va inteso l'abbandono. Attualmente siamo ancora sul piano della mente

Amma risponde alle domande sul Sanatana Dharma

e dell'intelletto. "Io sono questo corpo. Io sono il figlio o la figlia di Tizio e Caio. Il mio nome è questo o quello". Dobbiamo sbarazzarci di tutti questi attributi che abbiamo aggiunto all'Io.

L'ego è la sola cosa che abbiamo creato ed è ciò a cui dobbiamo rinunciare. Dobbiamo abbandonare l'ego a Dio. Quando lo abbandoneremo, resterà solo ciò che Dio ha creato. Allora diventeremo un flauto per le Sue labbra, o il suono della Sua conchiglia. Per giungere a un livello maggiore di espansione, dobbiamo semplicemente rinunciare alla mente individuale, che è una nostra personale creazione. Quando si è rinunciato all' 'Io' e al 'mio' non ci sono limiti individuali, non c'è che Quello, che pervade ogni cosa.

Un seme non germoglierà se lasciato cadere su una roccia; deve essere piantato nel terreno. In modo simile, se vogliamo trarre un reale beneficio dalle nostre azioni e dai nostri sforzi, dobbiamo rinunciare al nostro ego. Sviluppiamo l'atteggiamento di abbandono e allora, con la grazia di Dio, potrà accadere qualsiasi cosa.

È la mente che va abbandonata a Dio, ma non possiamo semplicemente prenderla e offrirla, per questo sacrifichiamo ciò a cui la mente è più attaccata. Questo atto equivale ad abbandonare la mente. Alcuni amano molto il *payasam* (budino di riso) e così lo offrono a Dio. E quando il payasam viene poi distribuito come *prasad* (cibo consacrato) ai bambini poveri, soddisfa un ulteriore scopo. La mente è abitualmente attaccata alla ricchezza ed è per liberarci da questo legame che offriamo denaro in un tempio. Offriamo anche dei fiori, ma ciò che davvero dobbiamo offrire a Dio sono i fiori del nostro cuore. Offrire il proprio cuore è il vero abbandono, la vera devozione. L'offerta dei fiori simboleggia proprio questo.

Invece di limitarci a chiedere: "Dammi questo e quello!", chiediamo anche le qualità divine come l'amore, la compassione e la pace interiore. Ripetete un mantra, fate delle buone azioni e pregate per la grazia di Dio. Egli vi darà tutto ciò di cui avete bisogno, non occorre che chiediate qualcosa in particolare.

Adorate Dio con tutto il vostro cuore. Egli conosce tutti i vostri desideri. Non crediate che Dio sappia solo ciò che Gli diciamo. È necessario raccontare tutto a un avvocato o a un medico, in modo che l'avvocato possa discutere efficacemente il vostro caso oppure il medico faccia la giusta diagnosi e vi prescriva la cura appropriata. Dio, invece, conosce ogni cosa anche se non

Gli diciamo nulla. Dio è onnisciente! Tuttavia, quando il nostro cuore è pesante, non è sbagliato aprirlo a Dio, deporre davanti a Lui il nostro fardello. Bisogna però comprendere che questo è solo l'inizio e che gradualmente dobbiamo imparare ad adorare Dio in modo disinteressato, senza alcuna aspettativa. Allora, quando pregheremo per noi, lo faremo solo per ottenere maggior amore e devozione per Dio. Quando il solo scopo della nostra devozione sarà di essere sempre più colmi di amore e di devozione, ci verrà dato tutto ciò di cui abbiamo bisogno. Ne trarremo benefici materiali ed elevazione spirituale e progrediremo sul sentiero spirituale. Si può realizzare Dio solo attraverso un amore e una devozione supremi e innocenti. Preghiamo per ottenere l'unione con Lui, allora la Sua grazia fluirà automaticamente su di noi e verremo colmati di qualità divine.

Quando siete in un tempio, mantenete la mente interamente focalizzata su Dio. Compite la circumambulazione ripetendo un mantra. Mentre siete di fronte al sancta sanctorum per ricevere il *darshan* [16], chiudete gli occhi, visualizzate con concentrazione la forma divina e meditate su di essa.

---

[16] Ascolto o visione del Divino o di una persona santa.

Ma non basta recarsi al tempio e compiere una breve adorazione, dovremmo anche dedicare ogni giorno parte del nostro tempo a meditare su Dio. Con la ripetizione assidua e costante del proprio mantra, acquisiremo energia spirituale. Se convogliamo l'acqua proveniente dai diversi rami di un fiume in una sola direzione, l'acqua scorrerà con più energia e la potremo persino sfruttare per generare elettricità. In modo simile, l'energia della mente viene dissipata in una moltitudine di pensieri; concentrandola però su un solo oggetto, diventerà molto potente. Per analogia, una persona comune è come un palo della luce e un aspirante spirituale come un trasformatore di corrente.

Dobbiamo comprendere i principi su cui si basa l'adorazione. Invece di pensare che vi siano varie e numerose divinità, vediamole tutte come forme differenti di uno stesso Dio.

Oggigiorno un numero sempre maggiore di persone si reca al tempio, ma poiché al suo interno non vi è predisposto nulla che spieghi ai devoti il nostro patrimonio culturale, è poco probabile che la cultura spirituale e la comprensione delle persone si sviluppino di pari passo. Di conseguenza, il tempio è considerato come un mezzo per realizzare i propri desideri. Attualmente, quando i fedeli chiudono gli occhi in preghiera, ciò che visualizzano chiaramente sono i loro desideri. Amma non intende dire con questo che non dovete provare nessun desiderio, ma quando la mente è colma di desideri non è possibile sperimentare la pace. Alcuni vanno al tempio perché temono che possa accadere loro qualche sventura se non adorano Dio. Ma Dio è comunque il nostro protettore. La pratica corretta del culto ci libererà completamente dalla paura.

Il rito che svolgiamo oggi in un tempio è solo una parodia, non essendo accompagnato dalla comprensione dei principi che lo sottendono. Il figlio accompagna il padre al tempio; il padre cammina intorno alla parte sacra dell'edificio; il figlio fa lo stesso, imitando ogni azione del padre. Quando il figlio è adulto, porta suo figlio al tempio e si ripete quello che era accaduto molti anni prima. Se domandate loro perché fanno tutto questo, non sanno rispondervi. Nei templi non viene organizzato nulla che possa spiegare il significato di queste pratiche.

C'era un uomo che quotidianamente eseguiva la *puja* nel tempio di famiglia. Un giorno, dopo aver predisposto tutto, si accingeva a celebrare il rito quando arrivò il suo gatto che bevve il latte per la puja. L'indomani, mentre si stava preparando per la puja, mise il gatto sotto un cesto e lo liberò solo al termine della preghiera [17]. Porre il gatto sotto un canestro prima della cerimonia divenne parte della sua pratica quotidiana. Passarono così gli anni e alla morte dell'uomo il compito di eseguire la puja di famiglia passò al figlio, che perpetuò il rituale di coprire il gatto con un cesto. Un giorno, quando ormai ogni oggetto per la puja era pronto, l'uomo cercò invano il gatto e scoprì che l'animale era morto. Non perse tempo: prese un gatto dalla casa del vicino, lo mise sotto un cesto e solo allora cominciò a celebrare la puja! Il figlio non aveva mai chiesto al padre perché occorresse coprire il gatto: seguiva semplicemente la regola senza comprenderne il motivo. Oggigiorno, la maggior parte delle persone osserva i rituali in questo modo, senza mai cercare di comprenderne i principi, ripetendo semplicemente ciò che altri hanno fatto prima di loro. Qualunque sia la nostra religione, sforziamoci di capire il significato dei diversi rituali. Questo è quello che dobbiamo fare

---

[17] Dio è presente, naturalmente, anche in un gatto. Ma quando si adora Dio in una forma particolare, la purezza esterna è importante, poiché la purezza esterna evoca quella interna.

ora. In tal modo, i riti privi di senso non sopravvivranno e ove fossero ancora praticati, potremo abolirli con consapevolezza.

Nei templi ci dovrebbe essere un modo per spiegare la spiritualità e i principi su cui si basano le osservanze religiose. Essi dovrebbero diventare centri che promuovono la cultura spirituale nelle persone, così da far rivivere il nostro magnifico patrimonio spirituale.

Domanda: Quale bisogno ci spinge a compiere varie offerte nel tempio?

Amma: Dio non ha bisogno di nulla da parte nostra. Che cosa manca al Signore dell'universo? Perché il sole dovrebbe aver bisogno di una candela?

Condurre la propria vita consapevoli dei principi spirituali è la vera offerta a Dio. Mangiare e dormire in base alle nostre necessità, parlare unicamente quando occorre, esprimersi in modo da non ferire nessuno, non sprecare tempo in cose inutili, prendersi cura degli anziani e parlare con loro gentilmente, accompagnare i bambini nella loro crescita; imparare a svolgere un'attività a domicilio se non si ha un impiego fisso e donare una parte dei guadagni ai poveri - tutte queste sono differenti forme di preghiera. Quando portiamo la giusta consapevolezza in ogni pensiero, parola e azione, la vita stessa si trasforma in adorazione. È questa la vera offerta a Dio. Ma la maggior parte delle persone è incapace di comprenderlo perché non ha capito le Scritture correttamente. Ai nostri giorni sono poche le occasioni in cui si può apprendere il Sanatana Dharma. Esistono numerosi templi in cui lavorano molte persone, ma occorre trovare un modo per trasmettere ai devoti la conoscenza della nostra cultura, le persone ne trarrebbero grande beneficio. Possiamo osservare gli effetti di questa carenza nella società moderna.

È una bella cosa versare lacrime per Dio quando si prega, qualunque siano le nostre intenzioni. Questo ci porterà al bene più alto. Un bambino piccolo può non riuscire a pronunciare correttamente "papà", ma il padre capirà quello che il figlio intende dire, sa che gli errori sono dovuti alla sua inesperienza. Dio ci comprende, non importa come si preghi. Dio guarda solo i nostri cuori, non può ignorare le preghiere sincere.

Amma risponde alle domande sul Sanatana Dharma

Quando si sente parlare delle offerte in un tempio, immediatamente appare alla mente ciò che viene offerto alla divinità durante la puja, il payasam per esempio. Alcuni chiedono: "Quando ci sono persone che muoiono di fame, com'è possibile offrire dei dolci a Dio?". Ma, di fatto, non vediamo nessuna divinità consumare il payasam: siamo noi che in seguito lo mangiamo. I devoti condividono il payasam che è stato offerto al tempio, e così tutti i poveri e i bambini riescono a gustarlo. È la loro soddisfazione che ci giunge come benedizione. Anche se a noi piace il payasam, il nostro cuore si espande quando lo condividiamo con gli altri. Questa apertura del cuore ci dà gioia. Questa è la vera grazia che si riceve dalle offerte nel tempio.

Ogni atto che compiamo è rivolto a ottenere la grazia di Dio e quindi ogni nostro gesto dovrebbe essere un'offerta a Lui. L'agricoltore prega prima di seminare, perché vi sono dei limiti allo sforzo umano. Affinché un'azione sia davvero completa e dia frutti, è necessaria la grazia divina. Si pianta il riso che cresce e viene raccolto. Ma se sopraggiunge un'alluvione proprio prima del raccolto, tutto è perduto. Qualunque azione si intraprenda, è la grazia divina che la rende completa. Ed è per questo che i nostri antenati ci hanno tramandato la consuetudine di offrire tutto a Dio prima di agire o accettare qualcosa. Anche quando mangiamo, il primo boccone è offerto a Lui: è un atteggiamento di abbandono e di condivisione. In questo modo adottiamo l'atteggiamento di considerare la vita non come un bene che ci appartiene, ma come una ricchezza che va condivisa con altri. Si tratta altresì di lasciare cadere qualsiasi nostro attaccamento.

Se ci chiediamo a cosa sia legata la nostra mente, la maggior parte di noi conosce la risposta. Il nostro attaccamento è per il novanta per cento rivolto alla ricchezza. Quando il patrimonio famigliare viene diviso, non esitiamo a trascinare in tribunale persino nostra madre, se il terreno che ci è stato assegnato ha dieci palme da cocco in meno di quello dei nostri fratelli. Prima che un uomo indiano sposi una donna, viene considerata la sua genealogia e la sua ricchezza. Sono rare le eccezioni, si possono contare sulle dita di una mano. La ricchezza, quindi, è l'attaccamento principale della mente e non è facile distaccarsene. Un modo semplice per farlo è consacrare la mente a Dio. Quando la offriamo a Lui, essa viene purificata. OffrirGli ciò che ci è più caro ci aiuta ad abbandonare la mente a Lui.

Alcuni dicono che a Krishna piacesse molto il payasam. Ma Krishna stesso è la dolcezza, la dolcezza dell'amore! Noi amiamo il payasam e poiché lo offriamo a Krishna crediamo che Lui lo ami: tuttavia, ciò che offriamo è qualcosa che a *noi* piace tantissimo. Essenzialmente il Signore è amore. Egli si delizia del payasam del nostro cuore, ovvero del nostro amore.

Un devoto comperò molta uva, mele, diversi dolci e li mise nella stanza della puja per offrirli al Signore. "Signore", disse, "guarda quante cose ti ho portato: mele, uva, dolci. Sei soddisfatto?".

Sentì una voce che diceva: "No, non è questo che mi soddisfa".

"O Signore, dimmi cosa ti farebbe piacere! La comprerò per Te".

"C'è un fiore chiamato il fiore della mente. Quello è ciò che voglio".

"Dove lo posso trovare?"

"Nella casa vicina".

Il devoto andò immediatamente nella casa accanto, ma i vicini non ne sapevano nulla. Si recò in tutte le case del villaggio, ricevendo la stessa risposta: "Non abbiamo mai visto o sentito parlare di un fiore simile". Alla fine il devoto ritornò dal Signore, si prostrò e disse: "Signore, Ti prego, perdonami! Ho cercato ovunque nel villaggio, ma non sono riuscito a trovare il fiore che Tu volevi. Ho solo il mio cuore da offrirTi!".

"Quello è il fiore che ti avevo chiesto, il fiore della tua mente. Fino a questo momento, qualsiasi cosa tu mi abbia offerto era stata creata con la mia energia. Senza di essa, non puoi sollevare neppure la mano. Tutto ciò che esiste fa parte del mio creato. Ma c'è qualcosa che hai creato tu: il senso dell'Io (ego). Questo è ciò che devi offrirmi. La tua mente innocente è il fiore che preferisco fra tutti gli altri".

Quando comprendiamo i principi divini, le qualità divine si manifestano in noi. Amma ricorda che in passato, prima d'iniziare il pellegrinaggio a Sabarimala, gli abitanti del villaggio cucinavano una minestra di farina di riso e uno speciale curry di verdure e li offrivano a tutti quelli che arrivavano. Prima di sollevare le speciali borse da pellegrinaggio sulla testa, distribuivano manciate di monetine ai bambini. Quando si rendono gli altri felici, offrendo per esempio un pasto prelibato a dei poveri o dei soldi ai bambini perché comprino dei dolciumi, proviamo un senso di soddisfazione interiore, la ricompensa per il nostro gesto. La gentilezza amorevole che mostriamo agli altri ci ritorna come grazia.

Potreste domandarvi perché si debbano offrire fiori a Dio. Questo gesto non fa solo parte di un rituale, ha anche un aspetto pratico. Molte persone coltivano fiori per offrirli a Dio e le persone che li raccolgono e li vendono ricevono così un compenso. Anche coloro che li comprano e i devoti che offrono questi fiori al Divino sono contenti. Così, i fiori che sbocciano oggi e appassiscono domani sono una fonte di reddito per molti, e procurano gioia a chi li compra e li offre durante il culto. E, inoltre, queste piante vengono coltivate con grande cura. Dobbiamo valutare attentamente l'utilità di ogni cosa. Alcuni si chiedono se le ghirlande in tessuto non siano meglio di quelle floreali. Anche quelle di stoffa vanno bene e offrono un'occupazione a molte persone, ma non si rovinano velocemente e possono essere maggiormente utilizzate. I fiori veri fioriscono oggi e domani avvizziscono e cadono.

Il denaro che offriamo nel tempio non è una sorta di tangente, è il simbolo del nostro amore per Dio. Dare qualcosa a qualcuno che amiamo è il volto dell'amore. Quando l'amore viene espresso diviene gentilezza amorevole. Amiamo Dio, ma soltanto quando Gli offriamo qualcosa, quell'amore si tramuta in compassione per il mondo. Solo chi si comporta in tal modo riceve la Sua grazia.

Abitualmente obbediamo a tutto quello che dice la persona amata. A un giovane viene chiesto di smettere di fumare dalla donna che ama. Se il suo sentimento è sincero, egli rinuncerà a questo vizio. Questo è amore. Se, invece, si mette a discutere con lei, chiedendo perché dovrebbe obbedirle, allora non prova vero amore. Nell'amore non ci sono due individui. Amma ha visto molte persone rinunciare alle cattive abitudini in questo modo. Esse dicono: "Lei non vuole che io beva! Non le piace come mi vesto!". Forse vi chiederete se non sia debolezza adattarsi in questo modo a chi si ama. In amore, questa non è debolezza. Non possiamo gustare l'amore se intervengono la ragione e la logica. In amore c'è solo l'amore, non c'è posto per la logica.

Quelli che amano Dio sinceramente rinunciano alle cattive abitudini, non fanno nulla che Gli possa dispiacere. Oppure, se commettono uno sbaglio, si sforzano di non ripeterlo. Risparmiano il denaro che erano soliti spendere nei vizi e lo usano per aiutare i bisognosi, perché servire i poveri è vera adorazione di Dio. Riducono l'acquisto di beni di lusso e devolvono il denaro risparmiato a favore dei poveri. Si abituano a non consumare più di quello di cui hanno bisogno. Rinunciano ad accumulare beni materiali e ad arricchirsi sfruttando gli altri. È così che mantengono l'equilibrio e l'armonia nella società.

Non abbiamo bisogno di elucubrazioni mentali, ma di un pratico buon senso. Questo beneficerebbe chiunque. Si dice che mentire renda ciechi, ma la nostra ragione sa che, se ciò fosse vero, sulla terra ci sarebbero solo persone cieche. Quando però diciamo a un bambino che se racconta le bugie diventerà cieco, egli, per paura, si asterrà dal mentire. Immaginiamo di dire a un bimbo intento a guardare la televisione: "Vieni, piccolo, sarai immortale!", il bambino rifiuterà, rispondendo che è felice di guardare la televisione. Ma se gli si dice: "Corri, la casa è in fiamme!", si precipiterà subito fuori dalla porta. Tali parole lo scuoteranno e lo faranno passare all'azione. Tutto questo non è qualcosa di intellettuale, le parole rivestono qui un significato concreto. Molte pratiche possono sembrare senza senso o superstiziose, ma se le esaminiamo più attentamente vedremo che, di fatto, possiamo trarne molti benefici pratici. La mente è molto limitata, avventata e infantile, e queste pratiche la guidano nella giusta direzione.

Un lattante non è in grado di digerire la carne e se la mangiasse si ammalerebbe. A un bambino piccolo si può dare solo del cibo semplice. Occorre scendere al livello di ogni persona e guidarla in modo appropriato. Alle persone occorre fornire spiegazioni che si accordino con la loro costituzione fisica, mentale e intellettiva. Il Sanatana Dharma contiene insegnamenti espressi in modo che ogni tipo di persona li possa recepire. Ecco perché nel Sanatana Dharma alcune cose possono apparire per alcuni grossolane o addirittura grottesche. Ma se le esaminiamo logicamente scopriremo quanto siano efficaci. Non sarebbe sbagliato affermare che la praticità è la base del Sanatana Dharma.

Domanda: Si usano costosi gioielli per adornare le immagini nei templi, ma come possono simili oggetti di lusso conciliarsi con la devozione e la spiritualità?

Amma risponde alle domande sul Sanatana Dharma

Amma: L'oro e l'argento usati per decorare le immagini nei templi non appartengono a un individuo particolare, ma alla società nel suo insieme. La ricchezza rimane nel tempio. La maggior parte di noi non compra forse dei gioielli e poi li tiene in casa? Apprezzare la bellezza fa parte della nostra natura, ci piacciono le cose belle ed è per questo che le persone indossano gioielli e vestiti colorati. Ma questa attrazione per le cose esterne ci rende schiavi, consolidando l'idea che noi siamo il corpo. Se invece questo desiderio di bellezza viene diretto verso il Divino, ci eleverà. Quando decoriamo l'immagine di Dio, godiamo di una bellezza che è divina e in questo modo la mente si focalizza su di Lui. Anche senza ornamenti, Dio è la quintessenza della bellezza. Abitualmente, invece, riusciamo a gustare questa bellezza solo attraverso certi simboli e accessori che la limitano. Adorniamo quindi queste immagini in base a come immaginiamo Dio.

Nei tempi antichi il sovrano regnava su tutto il paese. Ma Dio è il sovrano dell'intero universo. Le persone Lo consideravano come un re e credevano che, come un re è attento a ogni bisogno dei suoi sudditi, Dio avrebbe provveduto a tutto ciò che era necessario nell'universo. Pensavano a Dio come al Re dei re e perciò adornavano regalmente le Sue immagini nei templi, e quella bellezza procurava loro gioia.

Un vaso d'oro non ha bisogno di essere decorato, Dio non necessita di nessun ornamento perché è la Bellezza di tutto ciò che è bello. Tuttavia alcuni devoti sono felici nel decorare una statua che Lo raffigura e contemplarne la bellezza; la gioia che provano crea vibrazioni positive nel loro cuore. Tali accessori li aiutano a sviluppare la devozione.

Sino a quando non perverremo allo stato di *jivanmukta* [18] cercheremo la bellezza negli oggetti esterni. Le persone la ricercano ovunque: vogliono essere gli uomini o le donne più belli. Poiché Dio è la bellezza perfetta, che cosa ci sarebbe di male nel volere vedere Lui (o la Sua immagine) nella Sua forma più bella? Dio è la coscienza onnipervadente, i devoti sanno che è ovunque, all'interno e all'esterno. Tuttavia, essendo devoti, è naturale che vogliano ammirare con i loro occhi quella forma attraente e godere della Sua bellezza.

"Le Sue labbra sono dolci, il Suo viso è dolce, i Suoi occhi sono dolci, il Suo sorriso è dolce, il Suo cuore è dolce, la Sua andatura è dolce - ogni

---

[18] Lo stato della realizzazione del Sé o illuminazione, conseguita quando si è ancora in vita.

cosa del 'Signore di Mathura'[19] è dolce[20]!" In questo modo il devoto vede la bellezza in ogni cosa connessa con il Divino e cerca di apprezzarla con tutti i suoi organi di senso: con gli occhi vede la Sua forma, con le orecchie ode il suono divino, con la lingua gusta il Suo prasad, con il naso avverte la Sua fragranza e con il tatto tocca gli speciali unguenti (come la pasta di sandalo). Ogni senso può in tal modo condurre a focalizzare la mente su Dio.

Dio è completo e perfetto, sia che appaia come un re o come un mendicante. Siamo noi che Lo decoriamo secondo la nostra immaginazione, ecco tutto; ma Dio non può essere circoscritto dai nostri limitatissimi concetti. Egli non ha bisogno di nulla e non Gli importa se noi adorniamo la Sua immagine. Non è influenzato da nessuno degli oggetti preziosi offerti dai fedeli: essi sono solo ornamenti che rendono felice il devoto.

A questo proposito Amma ricorda la storia di Sri Rama. Era stato deciso che Rama sarebbe stato

---

[19] "Signore di Mathura" è l'appellativo riferito a Krishna. Mathura era la capitale del regno che Krishna riconquistò dopo aver ucciso lo zio malvagio Kamsa, rimettendo sul trono il nonno.
[20] Madhurashtakam di Sri Shankaracharya.

proclamato principe ereditario. I preparativi per la cerimonia erano già in corso, ma improvvisamente fu chiesto a Rama di andare in esilio nella foresta. Egli partì senza rimanerne minimamente turbato. Se avesse voluto, avrebbe potuto regnare come re, il popolo lo sosteneva; ciò nonostante se ne andò senza mai pentirsi della sua decisione perché Sri Rama non aveva alcun attaccamento. Questo è il distacco che si dovrebbe acquisire adorando Dio.

Il ladro in stato di arresto è circondato dalla polizia. Anche il primo ministro è circondato dalle forze dell'ordine, ma in questo caso è lui che le dirige: se vuole può mandarle via. Il ladro, invece, ha paura della polizia ed è sotto il suo controllo. Dio è come il primo ministro: ogni cosa è in Suo potere, indipendentemente da quale forma Egli assuma. Quando Dio si manifesta sulla Terra attraverso le diverse incarnazioni, esse si comportano come esseri umani perché desiderano essere degli esempi viventi per il mondo. Ma questo non le vincola in alcun modo: sono come il burro che galleggia nell'acqua o come una nocciolina matura nel guscio. Non hanno alcun attaccamento e nulla può far presa su di loro.

Amma risponde alle domande sul Sanatana Dharma

Domanda: Esiste una pratica che consiste nell'offrire sostanze come miele e burro chiarificato al fuoco, nel corso di un rituale sacro (*homa*), per ottenere la grazia di Dio. È giusto un tale spreco? Si dice che molti oggetti costosi vengano offerti nel fuoco. Qual è l'opinione di Amma a riguardo?

Amma: Amma non approva l'offerta di materiali costosi nel fuoco. Forse tale pratica è stata istituita per rimuovere l'attaccamento della mente a queste ricchezze. In ogni caso è meglio distribuire queste cose invece che gettarle nel fuoco; in tal modo si aiuterebbero i poveri e ad Amma sembra più logico un tale comportamento. Tuttavia, ci sono significati sottili connessi con l'homa. È l'ego che si offre a Dio. L'ego è una creazione della mente e l'homa rappresenta l'abbandono della mente a Dio. Gli ingredienti che noi offriamo al fuoco rappresentano i nostri sensi, poiché sono essi che ci legano, che causano l'attaccamento della mente.

Per ricevere la grazia di Dio non occorre eseguire un rituale nel quale si offrono al fuoco diversi oggetti, è sufficiente compiere buone azioni. Amare e servire gli altri; la grazia di Dio fluirà verso chi ha questo atteggiamento. D'altra parte ciò che si offre al fuoco non è veramente sprecato. Cerimonie come l'homa sono state formulate nella parte dei Veda che tratta dei rituali e alcuni benefici di queste pratiche sono stati dimostrati scientificamente. L'homa è benefico per la natura. Quando si offrono burro chiarificato, noci di cocco, miele, semi di sesamo, erba *karuka* e altri ingredienti, il fumo che si leva dal fuoco ha il potere di purificare e disinfettare l'atmosfera, senza dover ricorrere a prodotti chimici tossici. Coloro che respirano il fumo profumato di un homa ne trarranno ugualmente beneficio.

I nostri antenati, nei tempi vedici, accendevano il fuoco sfregando tra loro speciali bastoncini di legno. Questo non inquinava l'aria come fanno i fiammiferi quando bruciano. Quando all'alba si accende il fuoco e lì accanto, seduti in una posizione comoda, si esegue un homa, è facile concentrare la mente: i pensieri diminuiscono, la tensione mentale si allenta. Sedendo vicino al fuoco, il corpo traspira ed elimina le impurità. Si respira il profumo del burro chiarificato e del cocco che bruciano e questo non solo giova alla nostra salute, ma contribuisce anche a purificare l'atmosfera. Ogni pratica e rituale prescritti dai nostri antenati erano intesi non solo a purificarci interiormente, ma anche a mantenere l'armonia nella natura. Nessuna delle azioni prescritte causava inquinamento.

Nei tempi antichi in quasi tutte le case vi era l'abitudine di accendere una lampada a olio al tramonto. Bruciare lo stoppino imbevuto nell'olio in una lampada di bronzo aiuta a purificare l'atmosfera. Da bambina, Amma osservava come il fumo di tali lampade venisse raccolto in una ciotola. Le donne mescolavano la fuliggine con del succo di *lime* e quando nasceva un bambino veniva applicato questo impasto sui suoi occhi: tale accorgimento combatteva le infezioni sotto le palpebre senza provocare alcun effetto collaterale dannoso. Questo fumo è ben diverso da quello di una lampada a kerosene.

La maggior parte delle consuetudini osservate nel passato era di beneficio per la natura. Quando i bambini venivano vaccinati, le mamme applicavano sterco di mucca sul punto dell'iniezione per farlo guarire rapidamente. Se lo si facesse oggi la ferita si infetterebbe, talmente impuro è diventato lo sterco di mucca. Il rimedio del passato è diventato il veleno di oggi. In quei tempi non venivano usate in agricoltura sostanze chimiche tossiche, ma solo foglie e sterco come fertilizzanti. Attualmente, invece, la maggior parte degli agricoltori usa fertilizzanti e insetticidi tossici. Le mucche si nutrono del fieno che proviene da quei campi e il loro sterco è quindi dannoso; sarebbe pericoloso applicarlo su una ferita. L'inquinamento della natura è arrivato sino a questo punto.

Amma è consapevole del guadagno economico prodotto dall'impiego di fertilizzanti chimici. Grazie a essi si ottengono temporaneamente migliori raccolti, ma per un altro verso essi ci stanno uccidendo. Si può sostenere che produzioni più abbondanti possano offrire una soluzione al problema della fame, ma si dimentica un fatto importante: un gran numero di cellule muoiono nel corpo di coloro che si cibano di verdure e cereali coltivati con dei fertilizzanti tossici.

Non ci preoccupiamo eccessivamente per la puntura di un piccolo ago, ma se venissimo punti in continuazione questo potrebbe condurci alla morte: le conseguenze dell'accumulo di sostanze chimiche nel nostro corpo agiscono in modo analogo. Ciascuna delle nostre cellule sta per morire, ma solo quando perderemo la vita capiremo la gravità di questa situazione. Attraverso il cibo, l'acqua e l'aria noi assorbiamo numerosi veleni che ci fanno ammalare e accelerano la nostra morte.

Non ci rendiamo conto che molte cose fatte oggi in nome dell'igiene hanno effetti dannosi. Le persone usano detergenti chimici per pulire e disinfettare le loro case, ma anche solo respirare l'odore di molti di questi detergenti è dannoso per la nostra salute. Essi uccidono anche microrganismi benefici. Quando si esegue un homa, invece, le sostanze offerte nel fuoco uccidono i germi e purificano l'aria senza causare alcun effetto nocivo.

Oggigiorno si usano veleni chimici per eliminare le formiche. Questi insetticidi uccidono non solo le formiche, ma anche le nostre cellule. Per contro, respirando l'aria fragrante che si leva dal fuoco di un homa, le cellule del nostro organismo vengono vivificate e purificate. Non solo gli esseri umani, ma anche le altre creature e la natura ne traggono beneficio.

Nel passato le persone usavano come lassativo l'olio di ricino, che non è per nulla dannoso. Oggi invece molte persone usano delle pillole lassative. Senza dubbio esse sono efficaci, ma al tempo stesso distruggono molti batteri benefici nel corpo e possono causare anche altri effetti collaterali. Nonostante ne siano a conoscenza, molti ritengono più pratico assumere lassativi; tali persone tendono a considerare solo ciò che è più facile nel momento presente, scegliendo di ignorare le conseguenze future dei loro atti.

Ai vecchi tempi, le persone compivano ogni azione partendo da una visione d'insieme che comprendeva la natura. Fu in questa prospettiva che venne istituito l'homa. Amma non vuol dire con questo che tutti debbano cominciare a eseguire degli homa. Usate questo denaro per delle opere caritatevoli e, inoltre, piantate dieci nuovi alberi! In tal modo contribuirete a preservare la natura e questo gioverà all'atmosfera.

Domanda: Si ottiene qualche beneficio cantando i nomi divini, pregando, recitando i mantra, ecc.? Non si dovrebbe impiegare questo tempo facendo piuttosto qualcosa di utile per il mondo?

Amma: Molte persone cantano canzoni che appagano i sensi. Se dicessimo loro: "A cosa serve cantarle? Perché invece non fate qualcosa di utile per il mondo?", cosa risponderebbero? Non è forse vero che solo chi sperimenta il beneficio di qualcosa può capirlo? Le persone si divertono ad ascoltare canzonette. Quando un devoto sente ripetere il nome di Dio, dimentica tutto il resto e rimane assorto nel Divino. Le canzoni comuni sono piacevoli perché descrivono le emozioni e i rapporti nel mondo. Chi le ascolta si identifica con questi sentimenti e ne è felice. Quando invece vengono cantati inni e preghiere, chi canta e chi ascolta sperimentano pace mentale.

La musica da discoteca, per esempio, risveglia varie emozioni. Ascoltare canzoni sensuali favorisce il sorgere di uno stato d'animo romantico e suscita pensieri e sentimenti legati a storie d'amore. I canti devozionali, invece, ci ricordano la nostra relazione con Dio e risvegliano le qualità divine invece delle emozioni umane. Le emozioni si placano e questo dona pace a chi canta e a chi ascolta. Amma non rifiuta le comuni canzonette, gradite da molti. Nel mondo vi sono tipi diversi di persone. Ogni cosa ha una sua importanza secondo il livello di ciascuno e quindi Amma non rifiuta niente.

Quando cantiamo le glorie di Dio, il nostro scopo non è solo quello di realizzarLo. Riceviamo anche altri benefici; i canti devozionali e le preghiere generano vibrazioni positive in noi e intorno a noi, collera o negatività scompaiono e rimane solo un sentimento di benevolenza verso tutti. La preghiera prepara la mente alla contemplazione. Un bambino ripete una parola dieci volte, la memorizza e la fissa saldamente nella sua mente. In modo simile, quando si canta un canto devozionale, quando si celebrano ripetutamente le glorie di Dio, esse si radicano nel nostro cuore e arricchiscono la nostra vita.

Intonare canti devozionali rende gioiosa e acquieta la mente. Per vivere pienamente questa esperienza, dobbiamo sviluppare l'atteggiamento: "Io non sono niente, Tu (Dio) sei tutto!". Questa è vera preghiera, e non è facile sviluppare una simile attitudine. Perché le tenebre spariscano, deve spuntare il sole. Solo il sorgere della conoscenza permetterà a questo stato interiore di manifestarsi completamente in noi. Ma non è necessario aspettare fino ad allora, è sufficiente coltivare la giusta disposizione mentale e procedere.

Dio è la nostra forza, non dimentichiamolo. Neppure il nostro prossimo respiro è sotto il nostro controllo. Iniziamo a scendere le scale dicendo: "Sarò giù in un attimo", e tuttavia sentiamo notizie di persone morte per un attacco di cuore prima di finire questa frase. Impegniamoci a sviluppare l'idea che siamo dei semplici strumenti nelle mani di Dio.

Non bisogna pregare o cantare canti devozionali solo perché i nostri desideri vengano realizzati. Molti considerano la preghiera come un mezzo per ottenere un vantaggio personale; lo scopo della preghiera è risvegliare in noi qualità positive e buone vibrazioni. Se la vita è vissuta solo per soddisfare i propri desideri, il numero di rapine, assassinii e stupri aumenterà. La presenza della polizia e il timore che ne deriva permettono di limitare in qualche modo la delinquenza nella società, ma è *l'amore* che aiuta veramente le persone a rimanere sulla giusta strada, l'amore e la devozione per Dio: questo è in realtà il modo per conservare l'armonia nella società. La preghiera accompagnata da pensieri positivi produce buone vibrazioni, mentre quella accompagnata da pensieri negativi genera cattive vibrazioni. Le vibrazioni intorno a una persona che prega dipenderanno dalla natura della sua preghiera: se essa viene compiuta per augurare del male a un avversario, sarà piena di vibrazioni di rabbia e il mondo riceverà solo rabbia. Pertanto le vibrazioni che vengono emanate da un individuo in preghiera e che si diffondono nel mondo dipendono interamente dall'attitudine interiore con la quale egli prega.

In un uomo sorgono emozioni differenti quando pensa a sua madre, a sua moglie o ai suoi figli. Quando ricorda sua madre, il suo cuore si riempie di amore filiale e affetto; i pensieri sulla moglie possono far scaturire in lui sentimenti coniugali ed emozioni legate a una comunione di cuori; infine, pensando ai suoi figli egli sente l'amore paterno. Tutti questi sentimenti risvegliano vibrazioni differenti e poiché sono prodotte dal nostro stato mentale dobbiamo essere sicuri che le nostre preghiere siano sempre accompagnate da pensieri positivi. Solo allora esse porteranno qualche beneficio a noi e all'intera società. La preghiera accompagnata da buoni pensieri, priva di alcun sentimento di rabbia o di vendetta, non solo rimuove la tensione mentale, ma crea anche un'atmosfera positiva interiormente ed esteriormente.

I pensieri sono come un virus contagioso. Se ci avviciniamo a un ammalato febbricitante, possiamo contrarre il virus perché i germi che causano la malattia possono averci contagiato; se invece ci rechiamo in un luogo dove il profumo viene versato nei suoi flaconi, il corpo si impregnerà di questa fragranza. In modo simile, ove si canta la gloria di Dio si producono delle vibrazioni sottili che si diffonderanno nella nostra aura. Ma perché ciò accada, il nostro cuore si deve aprire: solo allora potremo gioirne e rigenerarci. Se invece la mente ha un atteggiamento negativo non ne trarremo alcun beneficio.

Anche in un ambiente spirituale le persone sono spesso maggiormente interessate alla sfera sensoriale. Per tale motivo alcune non ricevono la grazia dei maestri spirituali a cui si avvicinano, nonostante questi ultimi abbiano forse già elargito benedizioni su di loro. Una rana che vive sotto un loto non vede il fiore e non ne sente il profumo. Le mammelle di una mucca possono essere colme di latte, ma è il sangue che attira le zanzare.

Alcuni non riescono a vedere cambiamenti in coloro che praticano gli insegnamenti spirituali e trovano difetti in ogni cosa. Ci sono persone che criticano l'Induismo denunciando i sacrifici animali che si praticavano in nome della religione. Ascoltandole, sembra che l'Induismo consista solo nell'immolare animali. In passato, quando si chiedeva ad alcuni di sacrificare l'animale che era in loro - l'ego – essi offrivano, nella loro ignoranza, dei veri animali vivi. Ma non vediamo forse oggi come l'uomo moderno, sostenendo di essere il detentore della verità, conduca sacrifici umani in tutto il mondo? Pensate a quanti vengono uccisi in nome della religione e della politica! Affermiamo di esserci evoluti rispetto ai nostri antenati, ma di fatto ciò non è vero. Il progresso che abbiamo raggiunto porta in realtà alla nostra rovina. Per capirlo, occorre considerare la situazione nel suo insieme, da una prospettiva più elevata, perché se la osserviamo dal basso la nostra visuale sarà molto limitata.

La maggior parte delle persone aderisce a un partito politico, forse perché attratta dalla vita di coloro che l'hanno fondato, dal loro idealismo e dal loro spirito di sacrificio. Avendo accolto tali ideali, le persone possono aver deciso di lavorare per quel partito. Tuttavia, sarebbe stato ancor meglio se avessero adottato ideali spirituali, nei quali la collera, la vendetta e l'egoismo non hanno posto. Dove potremmo trovare ideali più nobili di quelli contenuti nella Bhagavad Gita?

Alcuni chiedono: "Krishna non dice nella Gita che dobbiamo abbandonare ogni cosa e lavorare senza ricevere alcuna retribuzione?". Ma quasi nessuno riflette sul perché il Signore parlò così. Se vengono piantati dei semi, questi possono germinare oppure no. Se non piove, possiamo scavare

Amma risponde alle domande sul Sanatana Dharma

dei pozzi e ottenere l'acqua per irrigare i campi, ma nonostante i nostri sforzi non possiamo essere certi di quanto abbondante sarà il raccolto. Proprio prima della mietitura, una grande tempesta o alluvione potrebbe distruggere l'intera coltivazione: questa è la natura del mondo e accettandola vivremo senza affliggerci. Ecco perché Krishna disse: "Compi il tuo lavoro. Il risultato è nelle mani di Dio, non preoccupartene!" Per quanto grande possa essere il nostro sforzo, è necessaria anche la grazia di Dio per ottenere i meritati frutti delle nostre azioni. Questo è ciò che Krishna insegnò, non disse che non dovremmo chiedere o ricevere alcun compenso per il nostro lavoro.

Se siete sinceramente convinti che anziché cantare le glorie di Dio, pregare o ripetere i Suoi nomi dovreste piuttosto compiere azioni per il bene del mondo, in questo caso ciò è veramente sufficiente. Dio non è qualcuno seduto lassù nel cielo, Dio è ovunque. Il Creatore e la creazione non sono due cose differenti. L'oro e la catena d'oro non sono diversi: c'è l'oro nella catena e la catena è fatta d'oro. Dio è in noi e noi siamo Dio. In verità, la cosa più grande è vedere Dio in tutti gli esseri umani e adorarli, ma la mente deve abbracciare questo atteggiamento al cento per cento. È molto difficile agire in modo completamente altruistico, l'egoismo s'infiltra senza che ce ne accorgiamo, e così non otteniamo il pieno beneficio dalla nostra azione disinteressata.

Le persone a volte dicono: "Non parliamo più di capi e di lavoratori, che vi sia uguaglianza!". Ma quanti capi sono pronti ad accettare i propri subordinati nella loro classe sociale? Il leader di partito che parla dei diritti degli operai è disposto a cedere il suo posto a un militante? L'altruismo si vede negli atti, non nelle parole. Tuttavia questo non si consegue in un giorno, perché occorre una pratica costante per sviluppare questa qualità. Ricordiamoci di colmare ogni respiro di buoni pensieri, coltiviamo buone qualità. In tal modo, il nostro respiro creerà buone vibrazioni nell'atmosfera. Si dice spesso che le fabbriche inquinano l'aria, ma nell'essere umano c'è un veleno ancora più potente, l'ego, che bisogna temere più di qualsiasi altra cosa. Il canto devozionale e le preghiere aiutano a purificare la mente che produce tale veleno.

È difficile fermare una mucca che scappa inseguendola. Ma se con il braccio allungato tenete della biada di cui è ghiotta, la mucca verrà da voi e potrete facilmente legare l'animale. Similmente, ripetere un mantra ci aiuterà a mantenere il controllo mentale.

Anche se siamo uno con il Creatore, attualmente la mente non è sotto il nostro controllo e quindi non siamo consapevoli di tale unità. Dobbiamo prendere il controllo della nostra mente così come usiamo il telecomando del televisore per scegliere il canale desiderato. Al presente la nostra mente rincorre una moltitudine di cose. Ripetere i nomi divini è un modo facile per riportare la mente vagabonda su Dio.

Grazie alle pratiche spirituali la mente sviluppa l'abilità di adattarsi a ogni situazione. Le persone tendono a essere ansiose, e ripetere un mantra è un esercizio che rimuove la tensione. In passato i bambini utilizzavano dei semi per imparare a contare; usandoli, si esercitavano: "uno, due, tre, ecc.". Più tardi erano in grado di contare mentalmente, senza l'aiuto dei semi. Quando una persona ha poca memoria, prepara una lista prima di andare a fare la spesa; terminate le compere, la lista può essere gettata. In modo simile, siamo attualmente in uno stato di amnesia, non siamo risvegliati e finché non ci risveglieremo sarà necessario ripetere un mantra e svolgere altre pratiche spirituali.

Così come vi sono regole per ogni cosa, ne esistono anche per la meditazione e per le altre pratiche spirituali. Tutti possono cantare canzoni comuni, ma senza una preparazione musicale non si può tenere un concerto di musica classica, poiché vi sono delle regole da seguire. In modo simile, è necessario un certo addestramento per meditare con successo. La meditazione è qualcosa di molto pratico, ma possono nascere problemi se non la si compie correttamente.

Un ricostituente è benefico per il corpo, ma se anziché prenderne un cucchiaino come prescritto ne berremo l'intero flacone, potremmo stare male; nemmeno berne due cucchiaini invece dei cinque indicati servirà allo scopo, bisogna attenersi alla dose indicata. Allo stesso modo, è necessario meditare osservando le istruzioni del proprio maestro spirituale. Vi sono pratiche spirituali non adatte a tutti, che possono causare insonnia, comportamenti anche violenti o creare disturbi fisici se eseguite da persone non idonee. Ciò può diventare pericoloso se non si presta attenzione. I canti devozionali, la recitazione di mantra e le preghiere non pongono invece questi problemi e chiunque può eseguirli in totale sicurezza. Con la meditazione è necessaria maggiore accortezza e colui che la pratica ha bisogno dell'aiuto del maestro. Una navicella spaziale può staccarsi dalla terra vincendo la forza di gravità, ma spesso occorre l'intervento di un secondo razzo, un razzo vettore, per rettificarne il percorso e permetterle di continuare il suo viaggio. In modo simile, per progredire nel viaggio spirituale è essenziale il razzo vettore del maestro spirituale.

Ciascuno di noi ha il potere di essere Dio o un demone; possiamo essere Krishna o Jarasandha [21]. Abbiamo in noi entrambe le qualità: l'amore e l'ira. La nostra natura sarà determinata da quale di queste qualità scegliamo di nutrire. Coltiviamo quindi buoni pensieri, privi di ogni traccia di rabbia, e una mente limpida libera dal conflitto. Attraverso la preghiera e la ripetizione del mantra possiamo allontanare le negatività dalla mente e dimenticare completamente tutto ciò che non è essenziale. Di norma, quando siamo in stato d'incoscienza non ricordiamo le cose: quando poi riprendiamo i sensi esse ci ritornano alla memoria

---

[21] Jarasandha fu un sovrano potente ma ingiusto, che governò la terra di Magadha ai tempi di Krishna, conquistando centinaia di regni. Fu sconfitto ripetutamente da Krishna in varie guerre. In seguito, Bhima, seguendo i consigli di Krishna, uccise Jarasandha in combattimento.

riportandoci la tensione mentale. Ma nelle pratiche spirituali questo non avviene, perché in esse dimentichiamo ciò che è indesiderato mentre siamo completamente vigili.

Incollando su un muro un cartello di tre parole, "divieto di affissione", si possono evitare centinaia di parole. È vero che anche la scritta viene affissa, ma essa serve a uno scopo più ampio. Ripetere un mantra è un processo simile, poiché con la ripetizione di un mantra si riduce il numero dei pensieri. Quando tutti i pensieri, ad eccezione del mantra, sono tenuti lontani, la tensione che normalmente essi creano viene rimossa. Almeno durante la recitazione del mantra la mente è calma: non c'è rabbia o negatività. La mente è purificata, l'egoismo viene meno e il nostro cuore si apre. Creiamo inoltre buone vibrazioni in natura.

Se l'acqua che scorre in canali diversi viene convogliata in un unico corso, possiamo produrre energia elettrica. Con la ripetizione del mantra e la meditazione possiamo controllare il potere della mente, che viene altrimenti disperso in una moltitudine di pensieri. In tal modo conserviamo e generiamo maggiore energia.

Un facchino che studia e diventa uno scienziato utilizzerà la stessa testa con la quale trasportava in precedenza molti bagagli. Ma le capacità del facchino sono paragonabili a quelle dello scienziato? Se un facchino può diventare uno scienziato, perché una persona normale non dovrebbe poter sbocciare in un essere spirituale? La pratica spirituale, un atteggiamento altruistico e buoni pensieri rendono possibile tale trasformazione. Concentrando la mente, possiamo accumulare una grande quantità di energia spirituale. L'energia generata con la ripetizione del mantra può essere utilizzata per il bene del mondo. Non c'è egoismo in ciò e il mondo riceverà da tali persone solo parole e azioni buone.

Tutte le pratiche spirituali mirano a sviluppare in noi il desiderio di dedicare noi stessi al mondo. Ma Amma è pronta ad adorare i piedi di chiunque non abbia alcuna inclinazione a praticare la disciplina spirituale, ma sia nondimeno disposto a offrire la propria vita al mondo. Il beneficio ottenuto attraverso la preghiera si può ricevere anche con il servizio altruistico. Nel donarsi totalmente si diventa completi ed è in questo stato che l'individuo limitato scompare.

Domanda: Alcuni piangono quando pregano. Non è questo un segno di debolezza e una perdita di energia?

Amma: Versare lacrime mentre si prega non è debolezza. Piangere per piccole cose è come bruciare della legna senza alcuno scopo, ma piangere in preghiera è come gettare legna nel fuoco per preparare del payasam che ci darà dolcezza. Mentre una candela si consuma, il chiarore della sua fiamma aumenta. Versare lacrime per cose materiali può alleggerire il peso che grava sul nostro cuore, ma non bisognerebbe sprecare il tempo a piangere su ciò che è stato o che deve ancora accadere. "Mio figlio s'impegnerà abbastanza nello studio e riuscirà a superare l'esame?", "Guarda cosa mi hanno fatto quelle persone!", "Che cosa diranno i vicini?". Sedersi a piangere per queste cose può essere considerato una debolezza, produrrà solo depressione e altri disturbi mentali. Tuttavia, quando apriamo il cuore e preghiamo Dio troviamo pace e tranquillità interiore.

Quando preghiamo invocando Dio, rafforziamo le nostre buone qualità. Un'invocazione sincera a Dio calma la mente e riesce a concentrarla su un unico pensiero. Questo tipo di concentrazione non disperde, ma genera energia. Anche se Dio è in noi, la mente non è rivolta a Lui: piangere durante la preghiera è un modo di focalizzarci su Dio.

Una mamma può non rispondere immediatamente quando il figlio vuole mangiare, ma come si comporterà se il bimbo scoppia in pianto? Si precipiterà da lui, prendendolo tra le braccia e dandogli da mangiare. In modo simile, versare lacrime mentre si prega è utile a controllare la mente, non è affatto una debolezza.

Un ricercatore sul sentiero dell'auto-indagine asserisce: "Non sono la mente, né l'intelletto né il corpo, non ho merito né demerito, io sono il puro Sé". Questo processo di negazione è fatto con l'aiuto della mente. Coloro che non conoscono la meditazione, lo yoga o le Scritture possono controllare agevolmente la mente aprendo completamente il cuore a Dio, piangendo e pregando per realizzare la Verità. Anche questa è una forma di negazione perché invece di dire: "Io non sono questo, non sono quello", si dice a Dio: "Tu sei tutto".

Alcuni amano leggere in silenzio, mentre altri devono leggere a voce alta per capire le parole. C'è chi è contento quando canta ad alta voce e chi preferisce solo esprimersi con dei mormorii. Ognuno sceglie ciò che meglio gli si addice. Sarebbe sbagliato giudicare alcuni di questi modi di esprimersi come debolezze. Si tratta solo di una pura scelta personale.

Dio è in noi, ma la mente non è in grado di recepirLo. Supponete di avere un recipiente davanti a voi. Potete avere gli occhi aperti, ma se la vostra mente è distratta non lo vedrete. E neppure sentirete qualcuno che sta parlando. Analogamente, anche se Dio è in noi, non sappiamo riconoscerLo perché la mente non è interiorizzata, ma è proiettata all'esterno. Di solito la mente è legata agli oggetti esterni. Dobbiamo riappropriarcene e focalizzarla su Dio, così da sviluppare le qualità divine come l'amore, la compassione e una visione equanime delle cose. Sviluppiamo queste qualità in noi e intorno a noi, così che tutti ne possano beneficiare. La preghiera ha lo stesso effetto.

Una delle figlie di Amma le disse: "Non mi piace pregare. A cosa serve la preghiera?" Amma le rispose: "Lascia che Amma ti faccia una domanda. Immagina di essere innamorata: ti rincrescerebbe parlare al tuo innamorato? Non proveresti piacere nel farlo? Ecco che cos'è la preghiera per un devoto. Per lui Dio è tutto. Se qualcuno disapprovasse il tuo colloquio con colui che ami, come reagiresti? Ti cureresti di ciò che pensa quella persona? La tua affermazione sulla preghiera è come la critica di quella persona. L'amore che noi sentiamo per Dio non è un amore comune, è qualcosa di assolutamente sacro".

L'amore e la devozione per Dio non possono essere paragonati a una normale relazione amorosa. Un uomo desidera con tutto se stesso l'amore di una donna e la donna quello dell'uomo; in questo amore essi si danno gioia reciproca, ma non fanno l'esperienza della completezza o della perfezione, perché sono entrambi dei mendicanti. La preghiera di un devoto è diversa. Egli chiede la grazia di sviluppare le qualità divine ed espandere la propria coscienza, in modo da percepire la Sua presenza in ogni creatura e amarla come tale. A questo scopo egli apre il suo cuore a Dio: un devoto non solo coltiva in sé queste qualità divine, ma trasforma anche la sua vita in modo che essa sia a beneficio del prossimo. Le persone comuni aprono il loro cuore agli altri e desiderano essere amati da loro. Ma un devoto apre il suo cuore solo al Dio che dimora all'interno, rivolgendoGli questa supplica: "Che io possa essere come Te! Dammi la forza di amare ogni creatura, dammi la forza di perdonare!"

Un devoto gioisce profondamente nell'ascoltare i canti devozionali. In essi trova il suo diletto.

La verità eterna

Nel mondo, le persone cercano all'esterno la propria soddisfazione, ma la gioia interiore è ben diversa e non è dannosa. Una volta che ne avrete fatto esperienza, abbandonerete la ricerca dei piaceri esterni.

Se nella vostra casa vi preparano del cibo delizioso, andrete forse a cercarlo altrove? Nella preghiera cerchiamo nel nostro interno un posto per riposare. Non si tratta di una candela che ha bisogno di un'altra fiamma per essere accesa, ma di una luce che brilla spontaneamente. Questa via ci permette di scoprire la luce che splende in noi.

Nel mondo, le persone cercano la felicità soddisfacendo i desideri, ma solo la preghiera ci procura pace mentale. Il mondo materiale ci può apportare un po' di pace, che però non è mai duratura. Se i vostri cari vi ignorano, voi vi rattristate, se una persona non vuole parlare, l'altra si sente triste. Le persone cercano la felicità ovunque e quando i loro tentativi falliscono sono ancora più amareggiati. Quando condividete i vostri dispiaceri con qualcuno, egli risponde parlando dei propri. Andate da lui in cerca di conforto, ma ritornate con un doppio carico di sofferenza! Come il ragno finisce per morire nella tela che lui stesso ha costruito, tali attaccamenti finiscono per imprigionarci. È come un piccolo serpente che cerca di ingoiare un grosso rospo! Per liberarvi da questa condizione dovete sviluppare l'atteggiamento in cui rimanete testimoni di ciò che accade. Questo è anche lo scopo della preghiera.

C'erano due donne vicine di casa. Il marito di una morì e la vedova nel suo dolore si lamentava ad alta voce. L'altra donna andò a consolarla dicendo: "Chi può evitare la morte? Se non succederà oggi, succederà domani. La corrente elettrica non sparisce quando si rompe una lampadina. Nello stesso modo, anche se il corpo muore, il Sé non viene distrutto". Usò queste parole per confortare la donna in lacrime. Dopo qualche tempo il figlio della seconda donna morì ed ella cominciò a piangere in modo irrefrenabile. Arrivò la vedova e disse alla sua amica sofferente: "Non eri tu quella che venne a consolarmi quando morì mio marito? Ti ricordi cosa mi dicesti allora?" Ma nessuna parola riusciva a far cessare il pianto della sua amica, completamente identificata col suo dolore. Eppure, quando la sua vicina aveva perso il marito, era riuscita a prendere le distanze e guardare come testimone la situazione. Solo così era riuscita a consolarla e infonderle forza.

La verità eterna

Ogni qualvolta ci identifichiamo con una situazione la nostra sofferenza aumenta, ma quando la vediamo come fossimo un osservatore esterno, cresce la nostra forza interiore. Leggiamo di un incidente aereo sul giornale: se i nostri figli o famigliari erano su quel volo non saremo in grado per il dolore di leggere la riga successiva. Se invece sappiamo per certo che a bordo non c'era nessuno dei nostri cari, i nostri occhi finiranno di leggere distrattamente l'articolo prima di passare alla notizia successiva.

I rapporti umani ci procurano spesso sofferenza. Quando l'amore di una persona diminuisce, l'altra persona può adirarsi. Questo accade perché la relazione è basata su speranze e richieste, su desideri e aspettative. Ma piangere per Dio è qualcosa di completamente differente perché non ci aspettiamo nulla in cambio. Eppure, in quell'amore senza aspettative ci viene dato tutto. Nella vera preghiera si dice: "O Dio, donaci le Tue qualità e la forza per poter servire con altruismo!"

A scuola, agli alunni delle elementari viene chiesto spesso di copiare una frase o un brano più e più volte così da ricordarlo. Se scrivono per dieci volte la lezione dimenticata, non la scorderanno di nuovo ed essa si fisserà nella loro memoria. In modo simile, quando contempliamo ripetutamente le qualità divine nelle nostre preghiere, le assimiliamo e le fissiamo nella nostra coscienza. Il devoto che risveglia in sé tali caratteristiche non ne rimane asservito, ma si eleva a uno stato che trascende tutto. Tale persona non è legata da nulla e rimane un testimone. Nutrendo le qualità divine interiori, dimentichiamo noi stessi e riusciamo ad amare e servire gli altri. Allora l'individuo limitato scompare: è uno stato che trascende ogni qualità.

Domanda: Alcune persone sostengono che lo *Shiva linga*[22] è un oggetto osceno. C'è qualche ragione che giustifica tale affermazione?

Amma: Figli miei, le persone dicono così perché non comprendono il principio rappresentato dallo Shiva linga. Ciascun individuo vede il bene o il male secondo le sue proprie tendenze.

Ogni religione e organizzazione ha i propri simboli ed emblemi. Il tessuto usato per fare la

---

[22] Pietra ovale oblunga; il principio della creatività, spesso adorato come simbolo del Signore Shiva.

bandiera di una nazione o di un partito politico può costare non più di dieci rupie, ma pensiamo al valore che viene dato alla bandiera! In quella bandiera la gente vede la propria nazione, il proprio partito. Per i militanti, la bandiera è il simbolo degli ideali del partito. Se qualcuno dovesse sputare su questa stoffa o la riducesse a brandelli dicendo che non vale più di dieci rupie, scoppierebbe un grave conflitto. Quando vedete una bandiera non pensate al cotone con cui è fatta e neppure al concime usato come fertilizzante per far crescere la pianta di cotone, né al suo odore nauseante. In quello stendardo vedete solamente gli ideali della nazione o del partito politico che rappresenta.

Per i figli cristiani di Amma la croce è il simbolo del sacrificio. Quando si prega davanti alla croce, non si pensa che essa era lo strumento usato per crocifiggere i criminali, la si vede come il simbolo del sacrificio e della compassione di Cristo. Quando i figli musulmani di Amma si prostrano verso la Mecca pensano alle qualità divine.

Non riusciamo a capire perché alcune persone ridicolizzino e insultino le immagini e i simboli divini della fede induista. Lo Shiva linga non è il simbolo di una religione particolare; di fatto esso rappresenta un principio scientifico.

Amma risponde alle domande sul Sanatana Dharma

In matematica e in campo scientifico vengono usati molti simboli. Prendete per esempio i segni della moltiplicazione e della divisione. Non sono forse usati dalle persone di tutte le religioni e nazioni? Nessuno chiede la religione di colui che li inventò e nessuno li rifiuta per tale motivo. Tutti quelli che vogliono imparare la matematica accettano questi segni. In modo simile nessuno che capisca realmente il principio che lo rappresenta potrà rifiutare lo Shiva linga. Figli miei, il termine *linga* significa "luogo della dissoluzione". L'universo nasce dal linga e si dissolverà in esso.

I Rishi dei tempi antichi cercarono l'origine dell'universo e grazie alle austerità che compirono, scoprirono che Brahman, la Realtà Assoluta, è la fonte e il supporto di ogni cosa. Brahman non può essere descritto con le parole; non si può indicare esattamente dove sia, Esso contiene l'inizio e la fine di ogni cosa. Brahman, la sede di tutti gli attributi e qualità, è privo d'attributi, di qualità e di forma. Come si può descrivere ciò che è senza attributi? Solo ciò che li possiede può essere afferrato dalla mente e dai sensi. Dovendo affrontare questa difficoltà, i saggi trovarono un simbolo per rappresentare quel punto iniziale tra Brahman e la creazione: lo Shiva linga, che rappresenta la creazione dell'universo scaturito da Brahman. Lo Shiva linga è il simbolo usato dai Rishi per rivelare, in un modo comprensibile alla gente comune, la verità che essi sperimentarono. Dobbiamo capire che la Suprema Realtà indifferenziata è oltre il nome, la forma e l'individualità, ma che le persone hanno bisogno di meditare e adorare quella Suprema Realtà in un modo a loro accessibile. I Rishi accettarono lo Shiva linga come simbolo scientifico da usare in tal senso.

Gli scienziati che studiano certi raggi invisibili ad occhio nudo impiegano dei simboli per descriverli. Quando sentiamo parlare dei raggi X sappiamo che essi sono un certo tipo di radiazioni. Similmente, quando vediamo lo Shiva linga capiamo che è Brahman senza attributi, rappresentato nel suo aspetto con attributi.

Il termine *shiva* significa "di buon auspicio", una qualità priva di forma. Venerando lo Shiva linga, che ne è il simbolo, colui che lo adora ottiene ciò che è propizio. Chiunque adori il linga consapevole del principio sottostante ne trarrà beneficio, indipendentemente dalla casta a cui appartiene.

Amma risponde alle domande sul Sanatana Dharma

Figli miei, all'inizio della creazione il Principio Supremo si separò in *prakriti*[23] e *purusha*[24]. Con la parola prakriti, i Rishi intendevano l'universo che possiamo conoscere e del quale possiamo fare esperienza. Anche se purusha normalmente significa 'maschile', in questo contesto esso indica la consapevolezza del Sé. Purusha e prakriti non sono due principi, ma uno; sono inseparabili, come il fuoco e il suo potere di bruciare. Quando si parla di purusha, coloro che non hanno studiato la spiritualità pensano al 'maschile'. Ecco perché al Sé supremo, che è pura Consapevolezza, venne assegnata la forma maschile e il nome di Shiva, mentre prakriti fu pensata come femminile e le vennero dati i nomi di Shakti e di Devi.

Ogni movimento ha un substrato immobile sottostante, proprio come il pestello agisce sulla base ferma del mortaio. Shiva è il principio immobile che soggiace a ogni movimento nell'universo, mentre Shakti è l'energia che lo causa. Lo Shiva linga simboleggia l'unità di Shiva e Shakti.

---

[23] Natura primordiale; il principio materiale del mondo che in associazione con Purusha crea l'universo; la materia prima che compone l'universo.

[24] La coscienza che dimora nel corpo, la Coscienza-Esistenza Universale, pura e incontaminata.

Quando meditiamo su questo simbolo con concentrazione, questa Verità suprema si risveglia in noi.

Dobbiamo anche considerare perché sia stata data quella forma allo Shiva linga. Gli scienziati odierni dicono che l'universo ha la forma di un uovo. In India, per migliaia di anni, ci si riferì all'universo come a *Brahmandam,* che significa 'grande uovo'. Brahman vuol dire il più grande in assoluto. Lo Shiva linga è un microcosmo del vasto uovo cosmico. Quando si adora lo Shiva linga, in realtà si adora l'intero universo sia in una forma che reca buon auspicio, sia come Coscienza divina. Non si adora qui un Dio assiso da qualche parte nei cieli. Questo ci insegna che qualsiasi servizio altruistico reso all'universo, incluso quello compiuto verso un qualunque essere vivente, è un modo di adorare Shiva.

La nostra condizione attuale è quella di un uccellino imprigionato nel guscio dell'ego. L'uccellino può solo sognare la libertà dei cieli, ma non può sperimentarla. Per provarla, l'uovo deve essere covato al calduccio sotto il corpo dalla mamma uccello, così che il piccolo possa uscire. In modo simile, per gioire della beatitudine del Sé occorre rompere il guscio dell'ego. Lo Shiva linga a forma di uovo risveglia in coloro che lo adorano la consapevolezza di questa verità.

Noi cantiamo: *"Akasha linga pahi mam, atma linga pahi mam"*. Il significato letterale di queste parole è: "Cielo-linga, proteggimi, Sé-linga proteggimi". Il loro vero significato è: "Possa Dio, che è onnipervadente come il cielo, proteggermi; possa il Sé Supremo, che è la mia vera natura, proteggermi!"

Pertanto il significato di linga non è "fallo", perché nemmeno gli stupidi pregherebbero gli organi sessuali maschili per ricevere protezione!

Figli miei, chi può trarre beneficio dall'attribuire un significato fasullo e dal ridicolizzare un simbolo divino che innumerevoli milioni di persone durante le diverse epoche hanno usato per elevare la propria anima? Questo può solo provocare rabbia e conflitto.

I *Purana*[25] raccontano che il Signore Shiva bruciò Kama, il dio del desiderio, nel fuoco del suo terzo occhio. Oggigiorno noi pensiamo che le cose materiali siano reali, eterne; credendo che

---

[25] Epiche che espongono, attraverso la vita degli dèi, i quattro obiettivi dell'esistenza umana (*purushartha*): ricchezza (*artha*), desiderio e suo soddisfacimento (*kama*), vivere con rettitudine (*dharma*) e liberazione (*moksha*).

ci appartengano, ci interessiamo esclusivamente a loro. Solamente quando il terzo occhio – l'occhio della conoscenza – si aprirà, prenderemo coscienza che tutto questo è transitorio e che solo il Sé è eterno. Allora potremo gioire della beatitudine suprema. In questo stato non vi è differenza tra maschile e femminile, tra mio e tuo. Questo è il vero significato della distruzione di Kama. Lo Shiva linga ci aiuta ad afferrare questo principio e a liberare la mente dal desiderio sessuale. Per questo motivo lo Shiva linga fu adorato dagli uomini e dalle donne, dai vecchi e dai giovani, dai bramini e dalle persone ai margini della società. Solo coloro che hanno una mente ottenebrata dalla lussuria possono interpretare lo Shiva linga come simbolo del desiderio sessuale. Dovremmo spiegare loro il significato reale di questo simbolo, aiutandoli così a elevare la loro mente.

Lo Shiva linga mostra come Shiva e Shakti non siano separati, ma siano un'unica cosa. E questo è ugualmente vero nella vita di famiglia. Il marito e la moglie devono essere un solo cuore, un solo spirito. Se l'uomo è il supporto della famiglia, la donna ne è la Shakti, la forza. Non c'è probabilmente nessun altro simbolo di parità e amore tra uomo e donna. Ecco perché nei templi

Brahmasthanam istituiti da Amma viene data così tanta importanza a questo simbolo.

Domanda: Si dice che Shiva risieda nei terreni funerari: qual è il significato di questa affermazione?

Amma: Il desiderio è la causa della sofferenza umana. Il motivo per cui la mente insegue ogni desiderio è la percezione: "non sono completo". Non si sarà mai completamente in pace se ci si focalizza solo sui guadagni derivati dai beni materiali. Nei campi di cremazione, tutti i desideri materiali e il corpo, che è lo strumento usato per soddisfare questi desideri, vengono ridotti in cenere. Dove quei desideri sono assenti e non vi è la coscienza del corpo, il Signore Shiva danza in estasi, ecco perché si dice che Egli dimori nei campi crematori. Questo non significa però che possiamo sperimentare la beatitudine solo dopo la morte. Ogni cosa è in noi, noi e l'universo siamo una cosa sola, entrambi sono la pienezza. Quando l'attaccamento al corpo muore nel fuoco della consapevolezza del Sé, veniamo automaticamente colmati di beatitudine.

Il corpo di Shiva è decorato con le ceneri delle pire funerarie: questo simboleggia l'aver vinto tutti i desideri. L'applicare cenere sacra [26] sulla fronte è inoltre di grande beneficio per la salute e rende la mente consapevole della natura peritura del corpo. Ci aiuta a ricordare che presto questo corpo morirà e che dobbiamo compiere buone azioni prima che esso cessi di esistere.

Shiva è chiamato 'Colui che è distaccato' *(vairagi)*. Distacco *(vairagya)* significa mancanza di attaccamento. I bambini danno molta importanza ai loro giochi, mentre per gli adulti questi giochi non hanno alcun valore. Il distacco consiste nel non prestare eccessiva importanza alla reputazione, alla posizione sociale, ai comfort, alla famiglia, o agli amici. Senza il distacco la nostra felicità dipenderà dalle opinioni altrui e diventeremo allora come marionette nelle mani degli altri. Il distacco ci rende autenticamente liberi. Se l'abbiamo, niente nel mondo può velare la nostra beatitudine. Il Signore Shiva, Colui che è cosparso di cenere e risiede nei campi funerari,

---

[26] Cenere sacra *(bhasma, vibhuti)*, prodotta tradizionalmente con sterco secco di mucca incenerito.

ci insegna questo principio ed è per questo che è considerato il primo tra i Guru.

Glossario

Advaita – Non dualismo. La filosofia che insegna che il Creatore e la creazione sono un'unità indivisibile.

Archana – 'Offerta con adorazione'. Una forma di culto in cui vengono recitati senza interruzione vari nomi di una divinità. Normalmente si tratta di 108, 300, o 1000 nomi.

Ashram – 'Luogo per praticare'; luogo in cui vivono o si recano i ricercatori spirituali per impegnarsi nelle pratiche o condurre una vita spirituale. Spesso è anche la dimora di un maestro spirituale, di un santo o di un asceta che è la loro guida.

Asura – Demone; persona con qualità demoniache.

Atman – Il Sé trascendente, lo Spirito o la Coscienza eterna, la nostra natura essenziale. Uno dei principi fondamentali del Sanatana Dharma afferma che noi siamo il Sé (Spirito) eterno, puro e senza imperfezioni.

Avadhut(a) – Un'anima che ha realizzato il Sé e che non rispetta le convenzioni sociali. Secondo gli standard convenzionali il comportamento degli avadhuta è estremamente eccentrico.

Glossario

Bhagavad Gita – 'Canto del Signore'. Bhagavad = del Signore; gita = canto, riferito in particolare ai consigli e alle istruzioni che Krishna diede ad Arjuna sul campo di battaglia di Kurukshetra, all'inizio della guerra del Mahabharata. È una guida pratica per la vita quotidiana di ognuno e contiene l'essenza della saggezza vedica. È comunemente conosciuta come la Gita.

Bhagavan – Il Signore; Dio. Colui che possiede sei qualità divine o bhaga, otto siddhi (poteri spirituali), forza, gloria, buona fortuna, conoscenza e distacco.

Bhagavatam – Una delle diciotto Scritture appartenenti ai Purana. Noto anche come Srimad Bhagavatam, descrive in particolare le incarnazioni di Vishnu, narrando molto dettagliatamente la vita di Sri Krishna. Esalta l'importanza della devozione.

Bhajan – Canto devozionale.

Bhakti – Amore e devozione.

Bhakti Yoga – 'Unione attraverso l'amore e la devozione'. Il sentiero della realizzazione del Sé attraverso l'amore, la devozione e il completo abbandono a Dio.

Bhava – Atteggiamento, umore o stato divino.

La verità eterna

Brahma, Vishnu e Maheswara (Shiva) – I tre aspetti di Dio associati con la creazione, la conservazione e la dissoluzione.

Brahman – La Realtà assoluta; il Tutto; l'Essere Supremo, 'Quello' che comprende e pervade ogni cosa, l'Uno indivisibile.

Brahmandam – 'Il grande uovo'; l'universo.

Brahmasthanam Temple – 'La dimora di Brahman'. Nati da una intuizione divina di Amma, questi templi, unici nel loro genere, sono i primi a raffigurare diverse divinità su un solo blocco di pietra. Il monolito, che ha quattro facce su cui sono scolpiti Ganesha, Shiva, Devi e Rahu, simboleggia l'unità che sottende i molteplici aspetti del Divino. Esistono sedici templi brahmasthanam in India e uno alle Mauritius.

Brahma Sutra – Aforismi del saggio Badarayana (Veda Vyasa) che espongono la filosofia del Vedanta.

Bramino – Nel sistema indiano delle caste i Bramini erano sacerdoti e insegnavano le Scritture.

Darshan – Ascolto o visione del Divino o di una persona santa.

Deva – 'Colui che risplende'; un dio o un essere celeste che vive sul piano astrale in un corpo sottile, incorporeo.

Devi – 'Colei che è luminosa'; la Dea, la Madre Divina.

Dharma – Dalla radice dhri; sostenere, sorreggere. Tradotto spesso semplicemente come 'rettitudine'. Dharma ha molti significati profondamente connessi tra loro: ciò che regge l'universo, le leggi della Verità, le leggi universali, le leggi della natura, ciò che è in accordo con l'armonia divina, la rettitudine, la religione, il dovere, la responsabilità, la giusta condotta, la giustizia, la bontà e la verità. Il termine Dharma designa i principi intrinseci della religione e anche la vera natura, le funzioni e le azioni che sono proprie di un essere o di un oggetto. Per esempio, il dharma del fuoco è di bruciare. Il dharma di un essere umano è di vivere in armonia con i principi spirituali e sviluppare una più alta consapevolezza.

Durga – Il nome della Dea, della Madre Divina. Durga viene spesso raffigurata mentre brandisce delle armi e cavalca un leone. È la dea che vince il male e protegge il bene. Distruggendo i desideri e le tendenze negative (vasana) dei Suoi figli, svela loro il Sé supremo.

Ganesha – Figlio di Shiva e Parvati; Colui che rimuove gli ostacoli e assicura il successo, invocato all'inizio di tutti i riti di culto e prima di intraprendere una nuova iniziativa. Ganesha ha la testa di elefante e il suo veicolo è un topo, ad indicare che Dio esiste in tutte le creature, dalla più grande alla più piccola, e la conquista di tutti i desideri. Ogni dettaglio della forma di Ganesha contiene un profondo significato filosofico che ha lo scopo di guidare l'aspirante spirituale.

Gita – Canto; vedere Bhagavad Gita.

Guru – 'Colui che rimuove le tenebre dell'ignoranza'. Maestro, guida spirituale.

Gurukula – Ashram in cui dimora un guru vivente e dove i discepoli vivono e studiano sotto la sua guida. Nei tempi antichi, i gurukula erano convitti in cui i bambini ricevevano un'educazione completa basata sui Veda.

Hatha Yoga – Sistema antico composto da esercizi mentali e fisici al fine di rendere il corpo e le sue funzioni vitali uno strumento perfetto per realizzare il Sé.

Homa – Rituale sacro del fuoco.

Ishwara – Dio. L'aspetto personale della Realtà assoluta. Colui che controlla e da cui origina la creazione.

Japa – Ripetizione di un mantra, di una preghiera, o di uno dei nomi di Dio.

Jivanmukta – Lo stato di realizzazione del Sé o illuminazione, conseguita quando si è ancora in vita.

Jnana – Conoscenza. La conoscenza suprema è un'esperienza diretta che trascende i limiti delle nostre percezioni mentali, intellettuali e sensoriali. Viene raggiunta con la pratica spirituale e con la grazia di Dio o del maestro spirituale.

Jnana Yoga – 'Unione ottenuta attraverso il sentiero della conoscenza', che implica una percezione e una comprensione della vera natura del Sé e del mondo. Richiede uno studio profondo e sincero delle Scritture, distacco (vairagya), discriminazione (viveka), meditazione. Aiutati dall'intelletto si procede verso la ricerca del Sé ponendosi la domanda: "Chi/Che cosa sono io?", alla quale si risponde: "Io sono Brahman". Questo metodo è utilizzato per superare l'illusione di maya e realizzare il Sé.

Kali – 'Colei che è scura'; una delle forme della Madre Divina. In questo contesto il termine 'scura' si riferisce alla Sua immensità e all'impossibilità che Kali possa essere compresa e conosciuta dall'intelletto e dalla mente limitati.

All'ego può sembrare terrificante perché lo distrugge, ma è solo una compassione infinita che porta Kali a distruggere l'ego e a trasformarci. Kali può assumere molte forme; quella benevola è conosciuta come Bhadra Kali. Un devoto sa che dietro questo aspetto feroce c'è la Madre amorevole che protegge i Suoi figli e accorda la grazia dell'illuminazione.

Kalidas – Il più grande poeta e drammaturgo sanscrito, vissuto intorno al '400. Autore di Meghduta, Raguvamsa, Sakuntala, ecc.

Kama – Desiderio, passione amorosa.

Karma – Azione, atto.

Karma Yoga – 'Unione tramite l'azione'; il sentiero spirituale del servizio altruistico svolto con distacco, nel quale tutti i frutti delle azioni sono offerti a Dio.

Krishna – 'Colui che ci attira a sé, Colui che è scuro' ('scuro' in questo contesto è riferito alla Sua natura illimitata e all'impossibilità che Egli possa essere compreso e conosciuto dall'intelletto e dalla mente limitati). Krishna nacque in una famiglia reale, ma crebbe con i genitori adottivi e visse come giovane pastorello a Vrindavan; i Suoi fedeli compagni, le gopi (pastorelle e mandriane) e i gopa (pastorelli),

Glossario

Lo adoravano. In seguito regnò su Dwaraka. Fu amico e consigliere dei suoi cugini Pandava, specialmente di Arjuna, al quale impartì il Suo insegnamento nella Bhagavad Gita.

Kriya Yoga – Una parte delle tradizionali pratiche tantriche, composta principalmente da esercizi di respirazione.

Kundalini – 'La forza del serpente'; l'energia spirituale che riposa come un serpente arrotolato alla base della colonna vertebrale. Con la pratica spirituale essa viene fatta risalire lungo il canale sushumna (un sottile nervo che si trova nella spina dorsale) attraverso i chakra (centri di energia). Mentre la kundalini sale da un chakra all'altro, l'aspirante spirituale comincia a sperimentare livelli di consapevolezza più puri e sottili. La kundalini raggiunge infine il sahasrara, il chakra più alto, situato alla sommità del capo. Questo processo di risveglio della kundalini porta alla realizzazione del Sé.

Laya Yoga – 'Unione attraverso la dissoluzione o l'assorbimento'; basato sullo sviluppo dei chakra e sul risveglio dell'energia kundalini. Uno yoga attraverso il quale la natura inferiore dell'aspirante si dissolve e si risveglia alla beatitudine e alla coscienza trascendente.

Linga – 'simbolo', 'segno che definisce'. Lo Shiva linga è solitamente una pietra ovale oblunga considerata il principio della creatività; viene spesso adorato come simbolo del Signore Shiva.

Mahabharata – Assieme al Ramayana, il Mahabharata è una delle due grandi epopee indiane. È un grande trattato sul dharma e sulla spiritualità. Narra principalmente del conflitto tra i Pandava e i Kaurava e della grande battaglia a Kurukshetra. Composto da 100.000 versi, è il più lungo poema epico del mondo. Venne scritto dal saggio Vyasa nel 3200 a.C.

Mahatma – 'Grande anima'. Quando Amma usa il termine mahatma si riferisce a un'anima che ha realizzato il Sé.

Mantra – Formula sacra o preghiera ripetuta costantemente, che risveglia la nostra energia spirituale dormiente e ci aiuta a raggiungere la meta ultima. Il mantra è più efficace se ricevuto da un maestro spirituale durante l'iniziazione. Il mantra è interamente unito alla realtà che simboleggia, perché esso è questa realtà sotto forma di 'seme'. Il seme del mantra piantato all'interno del ricercatore è nutrito da una ripetizione attenta e costante sino a quando non

Glossario

germoglia e produce l'esperienza della Realtà Suprema.

Matham – Religione.

Maya – Illusione. Il potere divino o il velo con il quale, nel gioco divino della creazione, Dio cela se stesso, producendo così la sensazione della molteplicità e l'illusione di essere separati. Maya vela la Realtà e ci inganna, facendoci credere che la Perfezione si trovi all'esterno di noi stessi.

Moksha – Liberazione spirituale finale.

Mudra – Posizione fisica o postura, di solito espressa con le mani, di profondo significato spirituale.

Muruga – 'Il bello'. Conosciuto anche come Subramanya, Muruga è un dio creato da Shiva per assistere le anime nella loro evoluzione, in particolare attraverso la pratica dello yoga. È il fratello di Ganesha.

Nadi Shastra – Nadi = 'canale'. Un ramo particolare dell'astrologia predittiva, quale l'Agastya Nadi.

Nadopasana – Devozione e adorazione attraverso la musica.

Narasimha – Il divino uomo-leone; un'incarnazione parziale di Vishnu.

Narayana – Nara = conoscenza, acqua. 'Colui che dimora nella conoscenza suprema'; 'Colui che giace sulle acque cosmiche primordiali'; un nome di Vishnu'.

Natya Shastra – *La scienza della danza, della musica e del teatro.*

Parvati – Figlia della montagna, la consorte divina di Shiva. Un nome della Dea, della Madre Divina

Payasam – Dolce a base di riso.

Prakriti – Natura primordiale; il principio fisico del mondo che associato a Purusha crea l'universo; la materia prima che compone l'universo.

Prasad – Offerta consacrata, o dono da parte di una persona santa o di un tempio; molto spesso il prasad consiste in cibo benedetto.

Puja – 'Adorazione'. Rituale sacro; rito di adorazione.

Purana – Epiche che espongono, attraverso la vita degli dèi, i quattro obiettivi dell'esistenza umana (purushartha): ricchezza (artha), desiderio e suo soddisfacimento (kama), una vita vissuta con rettitudine (dharma) e Liberazione (moksha).

Purusha – La coscienza che dimora nel corpo, la Coscienza-Esistenza Universale, pura e incontaminata.

Raja Yoga – Il sentiero della meditazione.

Rama – 'Colui che dà gioia'. Eroe dell'epopea Ramayana, Rama è considerato un'incarnazione del Signore Vishnu ed è ritenuto la personificazione del dharma e della virtù.

Ramayana – La vita di Rama. Assieme al Mahabharata, il Ramayana è una delle due maggiori epopee indiane. Composto da Valmiki, narra la vita di Rama, un'incarnazione di Vishnu. L'epica descrive prevalentemente come Sita, la moglie di Rama, venne rapita e portata nello Sri Lanka da Ravana, il re demone, e come fu salvata da Rama e dai suoi devoti, fra cui il grande devoto Hanuman.

Rishi – Rsi = sapere. Veggenti che hanno realizzato il Sé. Il nome si riferisce abitualmente ai sette Rishi dell'antica India, anime realizzate che potevano 'vedere' la Verità Suprema.

Samskara – Samskara ha due significati: il primo indica l'insieme delle impressioni fissate nella mente e prodotte dalle esperienze di questa o di precedenti vite che influenza l'esistenza, la natura, le azioni e lo stato della mente umana;

il secondo la scintilla della giusta comprensione (conoscenza) in ciascuna persona, che conduce alla purificazione del proprio carattere.

Sanatana Dharma – 'La Religione Eterna, il Principio Eterno'. Il nome tradizionale dell'Induismo.

Saraswati – La dea della Sapienza.

Satya – Verità.

Satya yuga – L'era della Verità (satya); chiamata anche Krita Yuga. La creazione è suddivisa in un ciclo di quattro ere o periodi di tempo cosmici (vedere yuga nel glossario). Satya Yuga è l'era in cui prevalevano la bontà e la verità e ogni manifestazione o attività si avvicinava all'ideale più puro. Alcune volte è chiamata Età dell'oro.

Shakti – Energia; un nome della Madre Universale; l'aspetto dinamico di Brahman.

Shankaracharya – (788-820 d. C.). Illustre filosofo che fece rivivere e riportò allo splendore la religione Induista. Fondatore della scuola Advaita, dichiarò che solo Brahman è reale, tutto il resto è illusorio.

Shastra – Scienza o trattato dottrinale.

Shiva – 'Di buon auspicio'; 'Il misericordioso', 'il Benevolo'. Una delle forme dell'Essere

Glossario

Supremo; il principio maschile; la Coscienza. Egli rappresenta anche l'aspetto della trinità associata alla dissoluzione dell'universo, la distruzione di ciò che in definitiva non è reale.

Shiva linga – Un linga che simboleggia Shiva (vedi linga).

Svara Yoga – Una via che conduce alla realizzazione del Sé tramite degli esercizi respiratori.

Tantra – Sistema tradizionale di pratiche spirituali che permette all'adepto che vive nel mondo di comprendere come la gioia sperimentata nel godere degli oggetti provenga in realtà dall'interno.

Tapas – 'Calore', autodisciplina, austerità, penitenza e sacrificio; pratiche spirituali che bruciano le impurità della mente.

Tre mondi – Paradiso, terra e inferi; i tre stati di coscienza.

Uphadi – Complementi che limitano, quali nome, forma, attributi; strumento, attrezzo.

Upanishad – Sedere ai piedi del Maestro; ciò che distrugge l'ignoranza. Le Upanishad sono la quarta e conclusiva parte dei Veda. Espongono la filosofia del Vedanta.

Vairagi – 'Colui che è distaccato' (si riferisce a Shiva).

Vairagya – Distacco, non attaccamento.

Valmiki – Un ladro che divenne un grande santo dopo aver compreso l'erroneità delle sue idee e valori ed essersi sottoposto a rigorose pratiche spirituali sotto la guida dei Rishi. È un grande esempio di come sia possibile morire completamente al passato, indipendentemente dalle azioni negative compiute.

Vastu – 'Natura', 'ambiente'; l'antica scienza vedica dell'architettura, che contiene principi e norme complesse affinché gli edifici siano costruiti rispettando un armonioso equilibrio con la natura e l'universo.

Veda – 'Conoscenza, saggezza.' Le antiche Scritture sacre dell'Induismo. Una serie di testi sacri in sanscrito, suddivisi in quattro parti: Rig, Yajur, Sama e Atharva Veda. Ritenuti tra le più antiche Scritture esistenti, consistono di 100.000 versi e di brani di prosa. Furono portati nel mondo dai Rishi, che erano saggi realizzati. I Veda sono considerati una diretta rivelazione della Verità Suprema.

Vedanta – Conclusione dei Veda; la filosofia delle Upanishad, la parte conclusiva dei Veda che afferma che la Suprema Verità è l' 'Uno senza secondo'.

Glossario

Vishnu – 'Colui che tutto pervade'; un nome di Dio. È normalmente adorato nella forma di due Sue incarnazioni: Krishna e Rama.

Viveka – Discriminazione; l'abilità di discernere tra il reale e l'irreale, l'eterno e l'effimero, il dharma e l'adharma (ingiustizia), ecc.

Yaga yajna – Riti sacrificali vedici elaborati.

Yajna – Offerta.

Yoga – Unire; unione con l'Essere Supremo; termine la cui vasta accezione indica diverse vie pratiche per ottenere l'unità con il Divino; sentiero che porta alla realizzazione del Sé.

Yuga – Era cosmica o eone. Ci sono quattro yuga: Satya o Krita Yuga (l'Età dell'oro), Treta Yuga, Dwapara Yuga e Kali Yuga (Età oscura). Attualmente viviamo nel Kali Yuga. Si dice che gli yuga si succedano quasi ininterrottamente.

www.ingramcontent.com/pod-product-compliance
Lightning Source LLC
Chambersburg PA
CBHW070615050426
42450CB00011B/3062